本書を理解しやすくするための地図

北朝鮮 最期の選択

朝鮮民主統一救国戦線常任議長
朴甲東 著／植田剛彦 編著

講談社

まえがき

金正日の暴挙と救国戦線の決意

世界の流れに逆行する北朝鮮は、逆流の速度をますます加速している。と同時に北朝鮮の崩壊もそれだけ早まってきたといえるだろう。その表れが金正日（キムジョンイル）の朝鮮労働党総書記就任である。

金正日の党総書記就任は、労働党の規約に照らしてみた場合、手続き上まったく違法であり、本来なら無効である。しかし、この結果は、金正日が正式な手続きでは総書記に選出されることはなかったということを如実に物語っている。

金正日自身には求心力も、絶対的な権力も執権能力もないということである。金正日を担（かつ）いで金日成の残党たちが、「遺訓統治」と称して、独裁政治を続行しているだけなのだ。

北朝鮮の憲法は、第一章・政治の第十一条で「朝鮮民主主義人民共和国はすべての活動を朝鮮労働党の指導のもとに行う」と規定し、国家権力が労働党の統制下にあることを謳(うた)っている。労働党の規約を蹂躙(じゅうりん)した金正日の総書記就任は、クーデターともいうべき暴挙なのである。

金日成の死後、三年三カ月をかけてようやく成し遂げた「反乱」であった。

その間、金正日は餓死していく国民を顧(かえり)みず、ひたすら金日成(キムイルソン)に対して忠誠と孝心を顕示するために、父親の死体を永久的に保存するための記念宮殿を建設することに、莫大な費用と労力を注いでいた。

たとえ、金正日が総書記に就任しても、依然として国家主席がいない。国家主席の存在しない北朝鮮は、徒党に支配されている不法国家にしかすぎない。

北朝鮮のようなひどい状態にある国が、なぜ内部崩壊しないのかと不思議に思う人も多いだろう。その理由はほかでもない。金日成の死後、三年の間に鎖国をさらに厳しくし、粛清に次ぐ粛清で二〇〇万もの人が犠牲にされ、今は決起する隙がないからである。しかし、今後、このような暴虐を続けるかぎり、軍人の一弾か、民衆の一石によって、金正日体制が一朝にして崩壊する可能性が高まっていくだけである。

金日成の死ぬ半年ほど前の九三年十二月八日、時の政務院総理、姜成山(カンソンサン)は、労働党の中央委員会総会で、九三年末に完了するはずだった第三次七カ年計画が完全に失敗したと報告した。姜成山は、九四年からの第四次七カ年計画は立てることすら不可能で、九六年十二月までの三年間を調整期間として、農業、軽工業、貿易各第一主義で経済を再建せねばならないと苦しい発表をした。

しかし、調整期間も終わって一年になった現在、農業は以前にも増して不振で、全人民が飢餓状態におかれているのが現実である。

金正日政権では、農業も軽工業も再建はできない。肥料工場も農薬工場も稼動が中止され、農村青年は男女を問わず軍隊に徴兵されて、田畑は荒れ果てている。農繁期には、軍人や学生が老人や女子供しかいない農村へ農村戦闘といって、勤労奉仕に行くが、素人の勤労奉仕は、手抜きとサボタージュで役に立たないといわれている。

農業や軽工業の再建なしには、貿易の振興はありえない。九六年の貿易総額は、二十億ドルにも満たない低い水準であった。

国会にあたる最高人民会議を三年間も開くことのできない北朝鮮には、当然、予算の策定もない。憲法で定めた国会も開かれず、党も党規約に定めたとおりに運営できないという現在の金正日体制は、とても国家とは思えない。

北朝鮮という国を建物にたとえると、今はただ屋根だけが残っていて、壁などの崩れかかった廃屋寸前の状態である。その屋根の下の腐った無責任な政権は、すぐ取り換えなければならない。

金日成残党政権を一日も早く清算しない限り、圧政下で苦しんでいる二千万の人民は救われない。

ところが、金正日体制の清算が急務であるにもかかわらず、アメリカ政府や日本の一部の政党は、非道を続ける金正日に経済援助を与え、政権の延命をはかっている。それでも、アメリカの政策は金正日をおびき出すための一時的な戦術と見られるが、日本の一部の政党は、本気で取り組んでいるようである。これは、二千万の人民を間接的に抹殺するのに等しいということを分かってほしいと思う。

北朝鮮の人民と朝鮮半島の平和統一を考えた場合、圧政者に対する援助は冷静に考えなおす必要がある。

金正日の非合法的な総書記就任の情報を得た、私たち朝鮮民主統一救国戦線は、「北朝鮮の民主化と人権回復・一九九七年東京大会」を十月十七日に開催した。

この東京大会には、私のほか、ロシアから崔(チェ)アパナシ事務総長をはじめ五名が、カザフスタンからは鄭尚進(チョンサンジン)議長を含め五名が、ウズベキスタンからも張学鳳(チャンハクボン)議長ほか四名が、ドイツから申東三(シンドンサム)中央常務委員と一名が、アメリカからアメリカ少数民族会議議長を務める、ニューヨーク地区支部長で来年から設置される救国戦線UN代表部大使のS・J・KIM博士と、ロサンゼルス地区支部長J・C・YUM博士が参加した。このほか、反朝鮮総連団体「民主無窮花(ムグンファ)」の〝私たちの敵と同姓同名〟といって会場を湧かせた金正日(キムジョンイル)代表幹事ら在日韓国・朝鮮人と日本の各界の指導者百数十名が参加した。北朝鮮の民主改革・開放を願い、打倒金正日政権を闘う世界の代表者が一堂に会したといえるだろう。

今回は中国からの参加者はいなかったが、北京からは、「北朝鮮の人民たちの生存と民主のための脱北者連合戦線」、通称「北民戦」本部からのメッセージが届いた。

「祖国と民族に対する絶えることのない、愛と念願を踏みにじる金正日独裁体制に対する、決死抗争の精神を抱き、誰も歩むことのできない闘争の道、真の民族解放の道を休みなく歩んでいる、東京大会参加者の先生方、皆様方、純真な愛国・愛族の心で、世に類例のない独裁政治、テロ政治を続ける、民族反逆者一味を相手に命がけの闘争をねばり強く展開してきたあなた方と、北朝鮮の民主化と人権を叫ぶ大会に、北朝鮮からの脱北者の集まりである我々「北民戦」は、最も熱烈なお祝いと闘いの挨拶をおくります。

しかしながら、食べていくために、住みなれた故郷に背を向け、見知らぬ異国を放浪していた我々は、あまりにも遅く知った自分自身と故郷の人々のおかれた情況に対して、こぶしを握りしめた北朝鮮の青年として、今や故郷の人々の生存と民主化のため、金正日独裁体制と決死抗争を宣言した者たちです。

いつか、どこかで捕まってしまって、北朝鮮の政治犯収容所に連行されるかもしれないという、不安の日々を送っているなかで、闘って勝つことによって、生命よりもっと貴重な自由を得るか、あるいは死ぬかという決死の精神を抱き暮らしている我々にとって、貴大会の知らせは、本当に力と意志、励みと激励のよりどころそのものです。

世の中が見なしている通り、極悪な民衆の反逆者であり、戦争狂信者である金正日と、その僅かばかりの追従者だけが思い通りに暮らしている、人権の不毛地帯・北朝鮮は自由と民主の死角地帯である。そればかりか、寒さと飢え、様々な疾病と伝染病までが蔓延する、人類文明の果てにまで転落した、その社会は他でもない私の故郷、私の育った愛する村である。今日の闘争に果敢に立ち上がった我々は、貴大会が国内外のすべての愛国者に闘争の進路を明らかにしてくれる歴史的で責任のある大会になってくださることを切に期待いたします。

また、大会を通して我々の連帯と闘争意識が、より強固になることを希望しつつ、先輩であり、同志であり、真の愛国者であるこの大会のすべての参加者に熱い挨拶をおくるものであります。

一九九七年十月北京にて

北朝鮮の人民たちの生存と民主のための脱北者連合戦線」

私たち救国戦線は本大会で金正日政権の外堀を包囲した。今後は北朝鮮の内部との連携をさらに強化していく必要があると思う。また、黄長燁（ファンジャンヨプ）書記や張承吉（チャンスンギル）大使ら亡命高官とも連帯しながら、反朝鮮総連団体だけでなく、愛国的な朝鮮総連の幹部への協力を呼びかけ人材を発掘して、内外から祖国の民主改革・開放を進めるために闘うものである。

金正日が総書記になったことは、正面から政策で闘える絶好の機会だと私たち救国戦線は捉えている。金正日政権の崩壊する日は遠くない。受け皿は、ただ一つ北朝鮮から亡命した私たちの組織、朝鮮民主統一救国戦線である。

冷戦時代、ソ連は鉄のカーテンに、中国は竹のカーテンに閉ざされていた。北朝鮮は今でもムシロのカーテンに閉ざされている。日本のマスメディアは矛盾だらけの北朝鮮にほとんど疑問を提起しない。左翼はいうにおよばず、自由主義者すら口をつぐんでいる。北朝鮮の真実は、日本ではあまり報道されていない。北朝鮮が提供する情報だけを鵜呑みにしている傾向がある。

本書は、私の北朝鮮での体験と四十年間の反金日成、北朝鮮解放闘争を踏まえたこれまでに発表されたことのない、誰も書けなかった北朝鮮の現実（リアリティー）を、北朝鮮人民の解放と、南北平和統一、そして北東アジアの恒久的平和と発展を願って書いたものである。

一九九七年十一月

朴　甲東

北朝鮮 最後の選択

朴甲東（パクカプトン）著／植田剛彦（うえだたかひこ）編著

朴甲東常任議長は、コングレッショナル・メダル・オブ・オーナー・ソサエティーのポール・W・ビュッチャ会長の招請により、1997年9月26日アーカンソー州リトルロック市で開催された年次大会に参加。2000名の出席者の熱烈な歓迎を受け、紹介された。そして、授与式のパーティーではクリントン大統領夫人、ヒラリーさんに紹介された(扉の写真)。

北朝鮮 最後の選択・目次

装丁・本文デザイン／グレージュ・佐藤　智・野呂　博明
写真提供／サンテレフォト・統一日報

労働党組織体系図

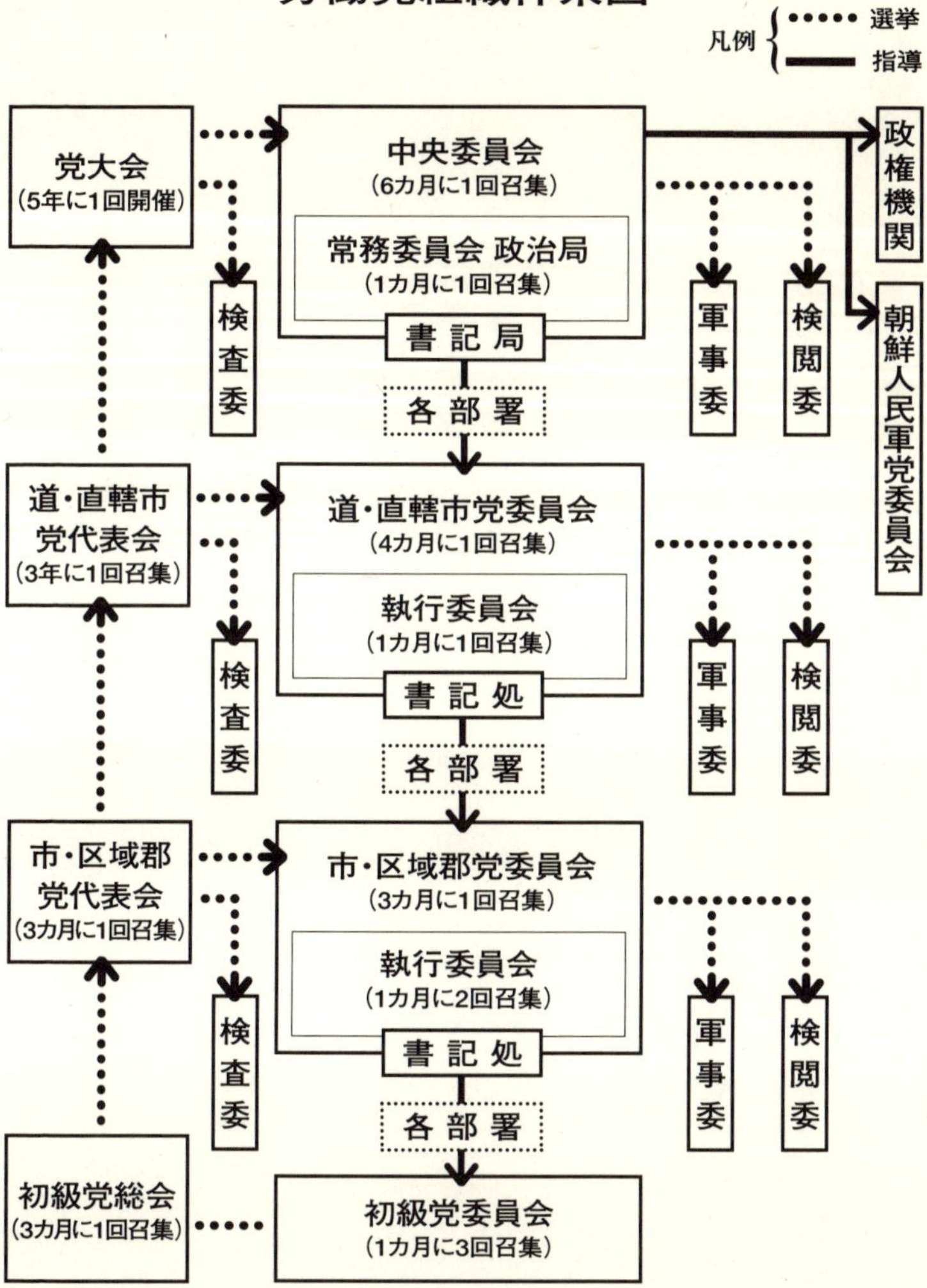

資料「北韓総覧」
(財)ラジオプレス

序にかえて

思い起こせば金日成も不法な就任だった

ソ連製「幻の国」誕生

北朝鮮問題が報道されるたびに私の胸は痛む。何ともいいようのない苦いものがこみ上げてくる。テレビで「北朝鮮―朝鮮民主主義人民共和国」というアナウンサーの声を聞くとき、「『北朝鮮』だけでいいから、もう『朝鮮民主主義人民共和国』というのはやめてくれ！」といいたくなる。聞くのも恥ずかしい。

二十一世紀を目前に、今なおこんな国が存在していることを不思議に思う人は世界中にいるだろう。なぜ？　の答えは簡単だ。北朝鮮はスターリンのソ連と金日成が朝鮮人民をだまして作りあげた「幻の国」だからだ。だまされた朝鮮人民は〝人民〟という名称も奪われ、生命も奪われて、皆殺しにされてしまった。だから、普通の人では想像もつかない国が存在しうるのだ。

●ソ連製「幻の国」誕生

思いは一九四八年に遡（さかのぼ）る。五月十日にアメリカは軍政三年の後、三八度線以南だけの単独選挙（セパレートエレクション）で八月十五日、リパブリック・オブ・コリア（大韓民国）をつくった。しかし、現在、アメリカの報道機関は単に「サウス・コリア」といって「大韓民国」とは呼んでいない。

私たちは単独選挙に反対し、南北全体選挙（トータルエレクション）（南朝鮮では南朝鮮労働党による地下選挙）をして九月九日、平壌（ピョンヤン）で朝鮮民主主義人民共和国を樹立した。最高人民会議（国会）の代議員数は、われわれの南労党系三百六十人、金日成・中共派の北労党系二百四十人の合計六百人で構成された。われわれ代議員たちは戦時中、民族解放闘争のかどで逮捕され、日本統治下における懲役年数を全部合算すると二百年を超すほどだった。このような愛国者たちが、本当に人民のための、人民による人民共和国をつくると意気込んで樹立したのだった。国会で五分の三以上の多数派から首相を選出するものと、私たちは信じていた。

しかし、ソ連軍占領下の平壌では論理は通じなかった。ソ連占領軍は、彼らが連れてきたソ連軍偵察局所属の金日成（キムイルソン）大尉を首相に任命したのである。

この瞬間、「幻の国」は誕生したのだ。

四五年の解放直後、ソウルで朝鮮共産党が再建されたときは朴憲永（パクヘンヨン）が委員長となり、金日成は最初、地方組織の北朝鮮分局の書記にもなれなかった。書記になったのもしばらくしてからである。当時の公文書では、金日成は「朝鮮人民の指導者、朴憲永同志万歳！」といっている（現在、その部分はすべて抹消されている）。

四八年、平壌に私たちの人民共和国を建設するため、南労党員が国会議員、政府の長官、次官、局長や、そのほか各社会団体の幹部として数万人、家族を合わせると約十万人以上が北へ移動した。私は南労党の中央幹部として最高人民会議代議員候補に推薦されたが、ソウルの地下党に残ることにした。

平壌政府からの秘密指令

五〇年三月二十七日のことであった。南労党地下党の理論陣・宣伝部・機関紙部ブロックの責任者、鄭泰植（チョンテシク）（京城帝国大学法文学部卒）と副責任者である私（早稲田大学政経学部卒）は重要なリポートを地下党総責、金三龍（キムサンリョン）（労働者出身）に伝達することになっていた。理論陣というのは地下党の頭脳である。ここで内外情勢を分析し、政策を立てて金三龍に提出し、これを金三龍が中央常任委員会書記局を通して全党に政策として指示する。

当時、地下党の最高首脳は金三龍（組織部担当）、李舟河（リジュハ）（軍事情報担当）、鄭泰植の三人であった。
重要なリポートとは何かというと、これに先立つ四九年十二月にひそかに平壌へ行った李舟河が五〇年一月、ソウルに帰ってきた。平壌政府のナンバー2になっていた南労党最高指導者、朴憲永からの秘密指令を持って帰ってきたのだ。それは、①四八年五月十日の総選挙はボイコットしたが、五〇年五月三十日に行われる予定の総選挙には、秘密党員やシンパを立候補させよ、②南北統一方策、南朝鮮同胞はいかなる統一方策を望んでいるのか、三月末までに平壌に報告せよ、というものであった。

四八年五月十日の単独選挙のときにも、党内には参加すべきだという声があがったが、北（ソ連と金日成）のボイコットすべきだとの強硬な圧力に従わざるをえなかった。それで南労党は非合法化され、徹底的に叩かれる羽目になってしまった。

第二の指示が問題であった。南北労働党ともすでに平和統一という大原則を宣言しているのに、今さら統一問題について上申せよとはおかしい。平壌では何か問題が提起されていると推測した。

私たちがまとめた報告書は、①国際情勢、③国内情勢、③統一問題の三項でできていた。第三項の大略は、(a)わが党の基本路線である平和統一を固持すべきである、(b)人民軍

●ソ連製「幻の国」誕生

による武力統一は絶対に不可。三八度線は単にわれわれ朝鮮の国内線ではなく、米ソ両軍の国際線でもある。人民軍が南侵すれば米軍が必ず介入する。米軍が再び進駐してくると、なかなか撤退しないだろうから統一は相当、長期間できなくなる。

戦争が起これば、軍隊を持つ李承晩（イスンマン）と金日成の勝負となる。軍隊を持たない私たち南労党の立つ場はなくなる。私たちが生きる道は平和統一のみだ。

以上の報告を細字で薄紙に書き、丸めて私の革手袋の中に入れて、金三龍との街頭連絡場所に行った。この報告書を平壌の朴憲永へ送り、金日成の武力統一政策に歯止めをかけなければならない。途中で韓国警察に捕まれば、間違いなく死刑だ。彼らは南労党地下党指導部を検挙するために血眼になっている。すでに、数十万の南労党員が逮捕され、韓国の刑務所には南労党員が充満していた。

私はイギリス製の高級ハットをかぶり、ラクダのオーバーを着て革手袋をはめ、地方の鉱山会社社長のにせ名刺を持った。私の上部者である鄭泰植はスキー帽にジャンパーを着て、私の会社の部下を装った。もし警察に捕まった場合、組織では下部の私が犠牲となり、上部の彼を釈放させるための戦術であった。

私たちは定めた時間、場所で待っていたが、金三龍はついに現れなかった。金三龍は私たちに会うために着替えをしている最中、警察にアジトを襲撃されたのであった。鄭泰植と私は帰り道に、二度も武装警官に銃を突きつけられて身体検査を受けた。さすがの警官も、両手を頭上に上げている私の革手袋の中は調べなかった。金三龍と李舟河は逮捕されて死刑になり、鄭泰植は四月四日に逮捕されて二十年の刑を宣告された。四月五日、これら上部者の事故により、やむなく私が地下党の最高指揮権を執らざるをえなくなった。南労党員は四八年には百五十万人だった（北労党員は百万人）が、五〇年初めには弾圧で五、六十万人に減っていた。

運命の日、六月二十五日は日曜日であった。昼ごろに北の人民軍が三八度線を突破したことを知った。青天の霹靂である。「このバカ野郎！」。私は金日成に向かって叫んだ。翌日、理論陣ブロックの幹部会議を開いた。人民軍は破竹の勢いで南侵してきている。金日成は、わが地下党が全国に暴動を起こし、ソウルを火の海にすることを期待するだろう。誰も口を開く者はいなかった。私が結論をいわねばならなかった。

「平和統一はわが南北労働党の共通の基本路線である。金日成同志の極左冒険主義は誤りだ。私たちは韓国軍の将兵に向かって、『北の同胞は絶対攻めてこない。李承晩が北侵せよといっても、絶対に北へ銃口を向けてはいけない』と宣伝してきた。それで韓国軍は積極的に抵抗せず、南へ撤退しているのだ。私たちが信義を守らなければ、統一のための対話は今後できないのだ。たとえ、私が金日成同志に銃殺されることがあっても、ソウルを火の海にすることはできない。この戦争は簡単には終わらない。同志たちは、下部同志たちにもっと深く潜れと緊急指令をすべし。全責任は私が取る」

と、私は指示した。

私は銃殺刑を宣告された

二十八日の早朝、人民軍がソウル市内に入ってきた。西大門（ソデムン）刑務所に収監されている同志たちを釈放するために、私は刑務所へ急いだ。途中、光化門（カンファムン）通りで中央政庁を見ると、重武装をした数百人の人民軍部隊が入り口をかためていた。平壌から重要な幹部が来ているかと思って、私は身分を明かして、ソウル一番乗りの連隊長に会った。

彼は歯を磨きながら出てきた。「南朝鮮軍の奴ら、逃げ足があまりに速すぎて、三日も歯を磨きませんでした」といいながら迎えてくれた。

「平壌から党の軍事委員が来ましたか」と私が聞くと、「いいえ、党からはまだ誰も来ていません」と答えた。それで私は、地下党の指導者として、平壌の党から軍事委員が来るまでは私が指揮を執らなければならないと思った。

昼過ぎ頃、私が事務所に帰ってくると、北から来た軍事委員が私を任務怠慢で銃殺に処すと告げた。私は「私の任務はソウル市民の家に放火することではなく、ソウル市民の生命と財産を守ることだ」と主張した。結局、私は銃殺は免れたが、地下党総責という地位から解放地区党機関紙の論説委員に降格された。

金日成が三八度線を突破するや、アメリカ軍は国連の旗を掲げてやって来た。「百戦百勝の領将だ」と自己宣伝していた金日成は十月十一日、国連軍が平壌の背中に当たる元山(ウォンサン)港を占領すると、ひそかに平壌を脱出して中国国境の江界(カンゲ)市に逃亡した。「金日成パルチザンの出身だ」といばっていた人民軍文化部司令の金一(キムイル)、軍事委員兼北江原道(カンウォンド)党委員長の林春秋(リムチュンチュ)、第一師団長の崔光(チェグァン)は職務放棄・戦線離脱逃亡罪で罷免(ひめん)された。しかし、これらの側近だけはまもなく再登用された。

五〇年九月、私はソウルを奪還した国連軍に追われ、北朝鮮へ逃げざるをえなかった。

五一年三月には平壌に行き、文化宣伝省のヨーロッパ部長になっていた。

五三年三月にソ連のスターリンが死ぬと、金日成は南労党の最高幹部でライバルの朴憲永副首相をアメリカのスパイだとして逮捕し、同時に数百人の幹部を逮捕した。そのとき、私も逮捕された。朴憲永たちは五五年十二月十五日までに死刑が確定し、大部分の者は執行された。そして、次々と数百人が消されていった。私も処刑を待っていたが、五六年二月のソ連共産党二十回大会でフルシチョフがスターリン批判(注1)をしたので、そのおかげで三月に一時的に釈放された。

五六年四月に第三回党大会が開かれた。ソ連派や中共（延安）派(注2)は、金日成を朝鮮のスターリンだと非難し始めた。そして、駐ソ大使の李相朝（リサンジョ）が現職のままソ連に亡命した。八月の中央委員会の席上、商業相の尹公欽（ユンコンホム）が壇上に登り、金日成の個人崇拝を公然と批判した。その日の晩、尹公欽と徐輝（ソヒ）（労働総同盟委員長）、李弼奎（リピルギュ）、金剛（クムガン）ら四人が自動車で中国へ亡命した。

五七年、私は中国を経由して日本に逃れたのである。東京に来てみると、このような北朝鮮の血生臭い実情は、何ひとつ知られていなかった。

金日成の個人崇拝の宣伝が日本でも受け入れられ、一部のインテリや労働組合は朝鮮戦争を南とアメリカが仕掛けたとして、金日成の応援団みたいになっているのには驚いた。

六〇年代になると、金日成の伝記が何度も書き換えられるようになった。解放前後の歴史を知る者は排除され、戦後の金日成の個人崇拝と歴史を捏造（ねつぞう）した者たちが金日成の周囲に集まった。金日成が「主体（チュチェ）」という言葉を初めて使ったのは、朴憲永に死刑宣告をした十日後の五五年十二月二十五日である。四六年、朴憲永がソウルで朝鮮革命の「主体」は人民大衆であると述べた。すなわち、一国における主体は一個人ではなく人民大衆である、と個人崇拝を戒めたのだ。それは、一度も朝鮮人民を指導したこともない金日成が自ら「英明な指導者」といい始めたのに対抗するためであった。

モスクワ大学で四年間、哲学を勉強して帰ってきた黄長燁（ファンジャンヨプ）が金日成大学の哲学教授となり、哲学的に金日成は朝鮮の主体であるかのように理論づけをして持ち上げた。同大学の総長に出世するや、哲学科に教授を数十人集めた。あたかも、個人崇拝の理論をつくり出す製造工場のようだった。かつてモクスワ大学の哲学科で黄とともに学び、同じ寄宿舎で生活したというH氏は私に、「黄（ファン）は大学時代は真面目に勉強したが、金日成の御用学者になって取り返しのつかない罪を犯してしまった」とモスクワから電話をかけてきたことがある。

●ソ連製「幻の国」誕生

スターリンと毛沢東の支援の下、金日成はライバルや盲従しない者を容赦なく「粛清」

した。スターリンの死後、わずか三年でフルシチョフがスターリン批判をしたことにより、全共産圏は動揺した。金日成も、駐屯していた中国軍の支援がなかったら、危ないところであった。毛沢東も死後、批判された。スターリンや毛沢東の経歴には虚構が少ないが、金日成の経歴には謎があまりにも多い。

　このような情勢の下、金日成は死後のことを考えて自分の息子に世襲しないと危ないと思い、金正日への世襲の件について、満州やソ連で生死をともにした最も信頼する盟友たちに相談した。しかし、崔庸健（チェヨンゴン）（国家副主席）も頭を横に振るし、金一（キムイル）（人民軍文化部司令）も崔賢（チェヒョン）（人民武力部長）も頭を横に振った。ソ連派の南日（ナムイル）（総参謀長、副首相）も「主席同志がまだ健康であるのに、後継者をうんぬんする時期ではない」と、世襲問題は口に出せないようにしてしまった。これらの人々はそのたびに死んだ。死因はみな心臓麻痺と発表された。研究者によれば、金日成自身を含め政権指導部門の七人が突然、心臓麻痺で死んだことになっている。「幻の国」は、時間も止まったまま、建国のときから今まで、同じあやまちを繰り返し、繰り返し犯している国なのだ。

注1　フルシチョフのスターリン批判

一九五六年二月、ソ連共産党二十回大会で、それまで世界中の共産主義者の間で神格化されていたスターリンを、フルシチョフが徹底批判の演説をした。スターリンの犯した民族大虐殺やテロ、そして粛清。さらに個人崇拝による害毒を鋭く指摘し、世界に衝撃を与えた。その副産物のようにポーランドとハンガリーで相次いで反ソ・反スターリンを旗印にした民衆による暴動が起こった。当然、北朝鮮でも激震が走り、金日成の独裁に対する批判も高まった。「金王朝」崩壊の大ピンチ（批判者から見れば大チャンス）であったが、金日成は反体制的とみなした人々を次々と粛清、虐殺し、〝危機〟を脱した。朴甲東は、現在の金正日体制の状況が、この当時と酷似しているという。

注2　ソ連派、中共（延安）派

朝鮮半島が日本の植民地だった（一九一〇〜一九四五年）ころ、朝鮮独立を叫ぶ抗日勢力には、「民族派」と「共産派」の二つがあった。「共産派」はさらに三つのグループに分かれていた。第一は「国内派」と呼ばれる国内で地下活動をしていた人たち（後の朝鮮共産党—南労党と北労党の一部）。次に、中国の延安で中国共産党の下、朝鮮義勇軍を構成していた人たちで、中共派とか延安派と呼ばれた。さらに「満州派」（パルチザン派）は、中国共産党東北抗日連軍の一員として満州（中国東北部）で戦い、その後、ソ連に脱出したグループ（金日成はここに属していた）である。また、一九四五年八月からのソ連軍による北朝鮮占領により、ソ連は占領行政の中心的役割を担わせるべく朝鮮系ソ連人（朝鮮族二世）を北に送り込んだ。この人たちが「ソ連派」と呼ばれるようになった。

朝鮮労働党機構表

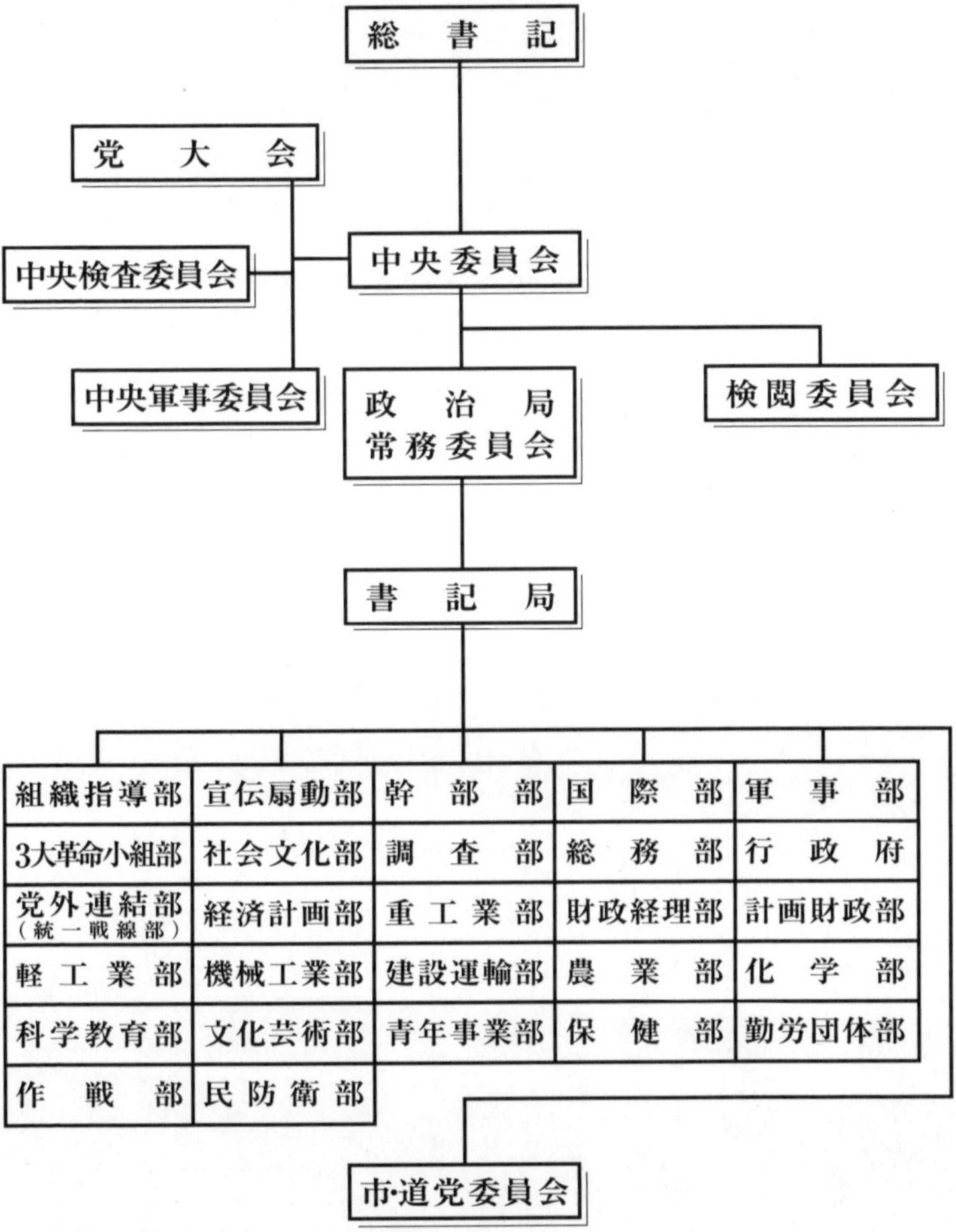

資料「北韓人名辞典」
（財）ラジオプレス

第一章

空白の三年三ヵ月に何が起きていたのか

는 혁명의 수뇌부를 목숨으로 옹위하자!

異常な記念写真（前ページ扉の写真は中央部の拡大です）

これは、異常な記念撮影である。本来、記念撮影の中に護衛兵が入ることはない。たとえ入ったとしても、銃や双眼鏡（3列目右から9番目の兵士が手にしている）などは隠すものである。彼らは、金正日を守るために中央にひかえているのだ。いかに金正日が軍を掌握していないかの証明写真といえる。元帥が自分の軍に狙われているなどとは、世界であまり例がない。しかも、人数は金正日を含め120名である。金正日が軍を視察する場合は、普通、2週間前から“記念撮影組”の面接があり、厳しいチェックを受ける。だから、撮影ではいつも厳選された100名程度（1個中隊ですら160名前後はいる）になってしまうのだ。

前列中央、金正日。その向かって左、尹正麟上将、右、崔成洙中将
（1996年10月16日「労働新聞」）
〈963軍部隊訪問時の記念写真〉

金正日が継承できなかった理由

とうとうというべきか、なぜかというべきか、金正日が九七年十月八日、朝鮮労働党総書記に就任した。

私は、一九九四年七月八日、金日成が急死したときから、「金正日は簡単には継承できない」と主張してきた（一九九四年八月四日、産経新聞社発行『正論』での佐藤勝巳氏との対談）。

そのとおり、金日成死後、三年三ヵ月も経過して、金正日はやっとクーデターによって継承したのだ。

一九九六年、多くの北朝鮮ウォッチャーが、そしてほとんどすべてのマスメディアが、七月八日の金日成の二周忌を機に、金正日が、主席・総書記に就任し、北朝鮮を統治する……と報道していた。あるいは、すでに北朝鮮は、実質的に金正日が牛耳っていると書き立てた。しかし、実際はどうだったか。金正日が、政府と党の名で、表舞台で活躍したことは一度たりともなかった。

私は、九六年の三月、朝日新聞の月刊誌『RONZA』（六月号）に、〝金正日が合法的に跡を継ぐことはない〟という主旨の原稿を寄せた。

この時点では、私の意見は、まったくの少数異見だったが、その後の北朝鮮の動向を見て、私の考えに同調する識者も増えてきたようだ。

「北の遺訓統治が終わる日」と題した『RONZA』の原稿を、以下に、再度、紹介させていただきたいと思う。

金正日の総書記就任までの「空白の三年」の意味を考えるうえで、重要な内容が書かれていると自負しているからだ。

●金正日が継承できなかった理由

一九九三年の夏、私はロシア、カザフスタン、ウズベキスタンの旧ソ連邦三共和国を一カ月間巡訪していた。それぞれの地に、私たち「朝鮮民主統一救国戦線」の支部があるからである。朝鮮民主統一救国戦線は朝鮮民主主義人民共和国（北朝鮮）の元労働党中枢、元政府高官、元人民軍将校らで組織しているもので、本部はモスクワと東京にある。それはともかく、私はこの旅先で、「金日成に厳しく叱責され、金正日が蟄居(ちっきょ)している」という情報を耳にした。二人は親子の間柄とはいえ、共産党内で最高実力者から批判を受けるということは政治的命取りにもなりかねない。これは大変なことになると私は直感した。話を聞いたのは七月初めだったが、いわれてみれば、五、六月の二カ月間、まったく金正日の動向は伝えられていなかった。それから後、私は金正日の動向に注目した。ほどなく、金正日が乗馬中に振り落とされて重傷を負ったとの「金正日落馬説」が韓国や日本のマスコミで飛びかった。北京で拾った情報のようであった。

追放した継母と叔父が政界に復帰

その金正日が三カ月半ぶりに姿を見せたのは、七月二十三日に平壌で開催された「全国老兵(在郷軍人)大会」の席だった。が、彼を紹介する肩書からは労働党のそれがすっかり落ちていることに私は気づいた。党での肩書が共産国ではもっとも重要である。労働党の肩書を失った金正日に、私は大事件勃発の前触れをいよいよ感じた。金正日はこの年の四月七日に開かれた第九期第五回最高人民会議(国会)では「朝鮮労働党政治委員会常務委員、中央委員会書記、朝鮮人民軍最高司令官であらせられる金正日同志」と呼ばれていたのだから、金正日が父親の金日成から叱責されたとすれば四月七日以降である。

党の肩書を外されるほどの失敗を金正日はいったいいつしたのか。が、今もって、それに対する北朝鮮当局のコメントはない。

実は、金正日の肩書削除が判明する三日前の七月二十日には彼の継母である金聖愛(キムソンエ)が平壌政界に復帰を遂げていた。そして四日後の二十七日には、叔父の金英柱(キムヨンジュ)が政界復帰を遂げた。金聖愛にいたっては、七月二十七日のいわゆる「戦勝四十周年記念」行事参列のために二十日、平壌入りしたカンボジアの国家元首ノロドム・シアヌークを、なんと金日成の代理として空港まで出迎えにでた。かつてなかったことである。金正日の周辺で何か起きていることは、およそ彼とソリが合わない二人の矢継ぎばやの表舞台再登場で、もはや疑いようがなかった。

●金正日が継承できなかった理由

というのも、金日成の後継者として権力の座について金正日が真っ先に実行したのが金英柱と金聖愛の追放であったからである。七五年のことだ。継母の金聖愛に対しては、彼女の兄で海軍政治委員であった金聖甲(キムソンカプ)中将をクーデター策謀のかどでまず排除したうえ、金聖愛にも共謀の嫌疑をかけて、平壌の北、慈母山(チャモサン)城に幽閉してしまった。数年前、金日成の愛人がスウェーデンのホテルに幼い娘とともに宿泊している写真が日本の新聞に載ったが、その愛人こそ、金聖愛なき金日成の無聊を慰めるため、金正日が父親に贈った麗人である。叔父の金英柱に対しては、その昔、反日ゲリラだった金英柱が十七歳のときに旧満州山中で日本の討伐隊に急襲され、一緒にいた兄の金聖柱（金日成の本名）は逃げおおせたのに、英柱は捕虜になったとの罪状をあげ、一家の革命経歴を汚したとして、病気治療の名目で朱乙温泉に追いやった。

その金英柱が七月二十七日の戦勝四十周年記念式典に十八年ぶりに姿を見せたのだ。彼の名は十一番目に紹介された。当時、労働党最高指導部である政治委員の定員は十三人であったが、十一番目の席次ということは、すでに金英柱が政治委員に補選されていることを意味していた。しかも、ほかの政治委員はそろって健在であった。ということは、政治委員から除外された者がだれか一人いることになる。それが金正日だったのだ。私は、金正日から党の肩書が落ちた理由を得心した。

もっとも日本のみならず、韓国の北朝鮮専門家の見方は私のそれとは違った。金正日が自らの地位を揺るぎなきものに確立しえた余裕から、対抗勢力の包摂にかかったのが金聖愛と金英柱の政界復帰だ、と分析した。そのうえで、金正日が九三年末には少なくとも国家主席か党総書記のどちらかを正式に継承すると解説した。すなわち金日成―金正日父子の世襲は完了段階に入ったのだ、と。彼らは進んで金父子に提灯（ちょうちん）をつけたのであった。

息子の無能さに気づいてきた父

朝鮮労働党中央委員会総会が開かれた九三年十二月八日は、八七年から始まった第三次七カ年計画を総括する重要な日であった。しかし、中央委員および中央委員候補はむろんのこと、重要幹部がこぞって参席するなか、金正日は欠席した。

総会では、政務院総理（首相）・姜成山（カンソンサン）が基調報告をした。姜はそのなかで「第三次七カ年計画はまったく失敗した。九四年度から始まる第四次七カ年計画も立てられなくなった。今後少なくとも、三カ年の調整期間をおかなければならなくなった」と述べた。かつて耳にしたこともない本音の報告であった。中央委員会総会でこうまで報告された以上、だれかが責任を取らなければならないが、八〇年十月に開催された第六回党大会以来、十三年間にわたって金日成を代行してきたのは金正日である。私の目には金正日包囲網がいよいよ狭まりつつあるように見えた。

私の友人はそのころ北の要人からこんな話を聞いてきた。この年、九三年の春のこと、金日成は「現地指導」のため、地方を巡視した。ある道庁所在地の商店で、金日成は前年秋に収穫した白菜とビニールハウス栽培の野菜が大量に並んでいるのを見た。首都・平壌の国有商店でもめったに出なくなっていたもので、金日成も感嘆の声をあげた。八〇年このかた、国政を息子の金正日に任せてきたが、正日はよくやっていると大いに満足した。

ところが、翌日、近隣の農村視察に出向く途中、路地に故障したトラックが二台とまっていた。荷台を見ると、自分が前日に褒めたばかりの白菜やら野菜であった。

金日成が現地指導に来るというので、道（県）内一円から野菜を道庁所在地に運び入れて店頭を飾らせたのはよかったが、翌日、金日成の巡視先に、野菜を先回りして運びかけたところ、肝心のトラックが途中で動かなくなってしまったのだった。金日成は激怒した。そして改めて政府各部門を点検させたところ、あらゆる部門で、実際の生産高は統計数字の六〇％にも達していない事実を知ったという。部下が上げてくる虚偽の数字を鵜呑みにしている息子の将来に、金日成が暗澹たる思いを抱いた可能性は十分ある。あるいは、このことが金正日蟄居の引き金だったかもしれない。私が聞いているところでは、金正日はともかく三年間、党務から離れているように命じられたという。その代わり、地方に十八年間も流されていた弟の金英柱が平壌に呼び戻されたというのである。

もっとも北朝鮮の統計は、私が平壌にいた五二年ごろから粉飾されていた。五二年春はとりわけ食糧不足が深刻で、人々は松の皮までむいて食べたりした。農林相・朴文圭(パクムンギュ)がその責を負って詰め腹を切らされたが、私とは個人的にも親しかった南労党(南朝鮮労働党)出身の朴は「国家計画委員会の定めに従って、私がコメの生産目標を各道ごとに指示すると、どの道も判で押したように一%か二%の超過達成を報告してくる。そう報告しないと、各道の人民委員長(知事)が責任を取らされるからだ。したがって統計上は、いつも米は余っているはずなのに、実際は足りない」といっていた。実際の生産額と、国家計画委員会の下達目標との乖離(かいり)が金正日のもとで、年々ひどくなっていったということなのであろう。

●金正日が継承できなかった理由

それはともかく、私は復権した金英柱とはかつて平壌で親しくつきあった。かつてといっても、それは茫々半世紀近くも昔の話であるが、ソ連留学から帰り、人民軍総政治局第七部(敵陣瓦解工作部)の指導員をしていた彼が少佐の肩章をつけて私を訪ねてきたのは五一年四月のことだ。彼は朝鮮戦争で捕虜にしたアメリカ兵の洗脳工作を担当していたのだが、英語を使える者がまるで足りないとかで、私が部長をしていた文化宣伝省ヨーロッパ部の部員を借りにきたのであった。

初対面なのに気が合い、年齢も近かった（私より三歳年下）ことから、自然につきあいが始まった。初めは彼が金日成の実弟と知らず、好きなことをいいあった。ごちそうにもよくなった。頭の回転の非常に速い人だった。彼が兄・金聖柱を脱出させるため満州のアジトで討伐隊に捕らえられたことは前述したが、その後、生きるために彼は日本軍に協力したので、終戦のとき、中国戦線から故郷の北朝鮮へは帰らず、四六年初め、上海から釜山港へ上陸したということであった。北朝鮮でソ連の後押しで政権をとっている「金日成将軍」なる人物がまさか実の兄である金聖柱とは夢にも思わなかったからである。満州の朝鮮人パルチザンには、自分の兄などより偉い人物がごろごろいたことは肌身で知っていたから、それは当然のことであったが、当時、まだ赤ん坊であった甥の金正日にそれが分からないのも、これまた当然であろう。

十二月八日の中央委員会総会の話に戻る。姜成山は報告の結語として「偉大なる首領金日成同志と党と人民の団結」を訴えた。以前は金日成の次には金正日（時には彼の代名詞として〝党中央〟）の名が必ず続いたのに、姜報告からは金正日の名がまったく消えていた。一方、金英柱の名はこの日、呉振宇（オジンウ）、李鐘玉（リジョンオク）、朴成哲（パクソンチョル）、姜成山など政治委員の一人として呼ばれ、同時に国家副主席（副大統領）をも兼任する最高幹部に抜擢されていたのである。

後継者は正日ではなく平日だ

経済建設に失敗した金日成の最後の頼みは核開発であった。かつて中国共産党の毛沢東は「ズボンなど履かなくとも原爆はつくる」といったが、金日成も原水爆さえ持てば、息子・正日への世襲ができるし、南北統一も一挙にできると確信していた。秘密裏に進めてきた原爆製造が露呈して、アメリカに圧力をかけられると、九三年三月十二日には核不拡散条約をも脱退して、あくまでアメリカに対抗する構えを見せた。金日成は、アメリカ政府や韓国政府が「北」の原爆製造基地を空爆したり、戦争に打って出る意思のないことを見越していたと思う。

そして現に、アメリカ政府と韓国政府は金日成の思惑どおり、経済援助と引きかえにともかく話し合おうと申し出た。その糸口をつかむために、アメリカから元大統領のカーターが平壌を訪問した。九四年六月のことである。が、金日成はカーターとの会談の席になんと妻の金聖愛を陪席させたのである。これまた初めてのことであった。カーターは席上、朝鮮戦争で行方不明（死亡）になっているアメリカ兵の遺骸を共同で探索したいと持ちかけた。金日成が答えないでいると、金聖愛が脇からカーターに同調する発言をしたため、金日成もあえて反対はしなかった。金聖愛の同調発言は金日成夫人としての意見ではなく、政治幹部としての発言であったはず（金日成の葬儀では、一時、金聖愛の名が十四番目に上がった。十四番目という席次は政治委員候補のそれである）だが、軍部から後に激しい怒りを買うことになる。それは共同探索を名目に、アメリカ軍が北朝鮮国内を自由に歩き回ることになるからであった。

　北緯三八度で朝鮮半島を分かつ南北両朝鮮の国民にとって、九四年七月二十五日は不幸な歴史ばかりが続いた今世紀にあって、時代を画する日になるはずであった。この日、韓国大統領の金泳三（キムヨンサム）が平壌を訪問し、金日成との間で初の南北トップ会談に臨むことになっていたからである。それに備えてか、金日成はフィンランド大使に出ていた次男の金平日（キムピョンイル）（金聖愛との間に生まれた）を平壌に呼び戻していた。金泳三との会談の席に、金日成が正日の代わりに異母弟の平日を陪席させそうだとの観測が平壌ではがぜん強まったという。世界の目が平壌での南北トップ会談に集まるなかで、金日成が平日を陪席させるということは、「私の後継者は正日ではなく、平日だ」ということを世界に向けて宣言するのに等しかった。それは、金正日の「廃太子」を意味した。金正日と金聖愛の長年の葛藤、金正日と叔父・金英柱との軋轢を考えれば、金正日の生命は風前の灯とみることも可能だった。それはまさに金正日包囲網の完成であった。が、トップ会談を十七日後に控えた九四年七月八日、前日まで元気だった金日成がなんと急死したのである。

金日成の死には謎が多い。北朝鮮内部でもいろいろ噂されているようではあるが、それを紹介しても仕方がない（注・本書では、この章で後に紹介する）。とにかく事実は、金日成が金正日への蟄居を命じたまま、しかも権力継承者は長男の正日だとも次男の平日だともはっきりいい残さぬままに死んでしまったということである。

●金正日が継承できなかった理由

もっとも、このときも日韓の北朝鮮専門家は、金正日が全権力をただちに継承すると書いた。私の見方は違った。金日成に三年間の蟄居を命じられている金正日は簡単には動けないし、むしろその三年の間に新たな権力基盤が形づくられる可能性が高いとさえ見ていたからである。いずれにしても権力継承は簡単なことでないと思われたため、私はそう書き、そう話した。

若干、繰り返しになるが、金正日が金日成から三年間停権処分を受けて、党権を喪失している事実は重い。八〇年十月の第六回党大会以降、金日成の全実務を代行してきたのは確かだが、経済運営に失敗したのをはじめとして、見るべき成果が一つもない。一国の領導者としての資質の欠如に加えて、私生活上の問題も少なくなく、政治委員クラスまでが面従腹背状態にあることも金正日には不利である。つまり、金正日が金日成の死亡直後に「家督」としての国家権力を奪取できなかったのにはそれなりの理由があるということである。父親の死と同時に新体制を宣布し、その葬儀に各国首脳を招くどころか、いまなおひたすら「遺訓統治」で乗り切ろうとしているのは、それなりに深刻な事情があるということなのである。

思うに、金日成政権は初めから虚構の上に立てられた政権であった。鎖国をし、私の友人同志たちも含めて粛清につぐ粛清をし、虚構に虚構を重ねて、独裁の歴史をつくりあげた。しかし、この〝歴史〟を維持することは金日成以外のだれにもできない。月日がたてばたつほど、金正日の継承は困難を増すだろう。私はそう見ている。

金日成派すなわち正日派ではない

北朝鮮の全権は難なく金正日に継承されるであろうといった大方の見方の背後には、金日成の側近、すなわち金正日の側近である、との思い込みがあると私は思う。確かに、金日成が生きていた時代は、だれもが〝太子〟として金正日に頭を下げた。

しかし、金日成が死んだことで、押さえられていた重しが外れたという側面をいくら強調しても強調しすぎることはない。政治委員クラスは金正日のいうことに耳を貸すどころか、なにごとも「首領様（金日成）の遺訓どおりに」と主張することで、逆に金正日を牽制している。確かに呉振宇、朴成哲、崔光など軍出身の長老たちは金日成の側近中の側近ではあった。忠臣といっていい。ただ、彼らの人間関係は複雑で、金日成という重しが外れたいまでは、金正日をよそに、一触即発めいたところもある。呉振宇は先ごろ死んだから論じない。

日本の読者にどこまで参考になるかは分からないが、まず朴成哲は解放（一九四五年）前、ソ連のブヤツコエ第八十八特別偵察旅団で金日成大隊長のもと小隊長の地位にあった。あるとき彼は満州の偵察に出向き、期限内に帰ってこなかったうえ、虚偽の報告をしたことで小隊長を解任され、一兵卒に落とされたことがある。解放後に平壌にやってきて金日成の親類の娘と結婚したが、彼女の不倫に怒って、持っていたピストルで撃ち殺してしまったという。金日成一族と朴成哲の間のわだかまりは消えていないはずである。

●金正日が継承できなかった理由

崔光は朝鮮戦争で師団長として南侵したが、国連軍の猛反攻を受けて師団を勝手に離れ退却したため、慈江道の満浦郡で五〇年十二月に開催された第三次中央委員会総会の席上、金日成から「一部の将校のなかには、利己的保全に汲々として、部下を救わず卑怯な行動があった。金漢重、崔光などの師団長はまさにその代表的な例である。彼らはすでに師団長の職を罷免された」と名指しの非難を受けた。

朝鮮戦争で戦死した北朝鮮軍の総参謀長・姜健の職務を当時代行していた副総参謀長兼作戦局長・兪成哲は私ども「朝鮮民主統一救国戦線」の中央常務委員だが、「崔光を処置せよ！」という金日成の極秘指令書が自分の在任中、軍の文書庫にあったと、九二年一月モスクワで語っていた。私たち北朝鮮の亡命政治家が「救国戦線」を結成するとき、互いがよく知る北朝鮮現役幹部連の人間関係を私たちは詳細に披露しあったのだ。兪成哲は、ソ連陸軍偵察局から金日成のロシア語通訳としてブヤツコエの旅団へ派遣されていた人物であった。ソ連は金日成が日本のスパイではないかと疑っていたそうだ。旅団への派遣は金日成の監視のためだったのである。余談だが、兪成哲は当時、同じ部隊にいた関係で崔光と親交があり、兪成哲自身に宛てた指令でもなかったので、「崔光を処置せよ！」という極秘指令書は見ぬふりですませたということであった。

崔光は追放されていた金一、林春秋などとともに、その後再登用され、のちには総参謀長に就く。しかし六七年、いわゆる「金昌鳳事件」（民族保衛相＝現在の人民武力部長＝

金昌鳳がクーデターを起こそうとした事件）を知っていながら、金日成に報告しなかったという不告知罪で再び失脚、処刑は免れたもののしばらく炭鉱労働者をしていた。金日成に二度も殺されかけた崔光は金日成の一日も早い死去を待ち望んでいたはずだ。いまや軍を押さえている崔光が金正日に忠誠を尽くす気にどうしてなれるだろうか。

軍を掌握できない金正日の弱み

金正日が人民軍最高司令官兼国防委員長であることから、軍部は彼が掌握しているとの見方が一般的だ。しかし、人民武力部長（国防相）呉振宇が九五年二月二十五日に死んでから後任が決まるまでに七カ月以上かかったということをどう考えるべきか。人民武力部長の空席が七カ月も続くなどということは、正常な国家では起こりえないことだ。金正日が完全に軍部を掌握しているならば、ただちに自分の信任する将軍を据えたはずである。

実はこのとき、総参謀長・崔光と金正日との間で熾烈な権力闘争が展開していたのである。金正日は自分と同世代の五十代の将軍を部長（国防相）に抜擢することで、軍の掌握をめざそうとした。しかし金正日に軍権を握られてしまえば、いまや八十路に近づこうとしている崔光ら軍長老たちはみな追い払われてしまう。長老たちは一致結束して崔光の側についた。十月八日、崔光は念願の人民武力部長を射止め、他の軍首脳は妥協人事でまとめた。崔光などいわゆる「革命先輩たち」の長老と若手将軍間の対立が爆発しないですんでいるのは、軍部と党・政（姜成山―金英柱ライン）が対立を強めているなかで、軍の内部がぎくしゃくしていては互いに損だという認識があるためである。崔光らは金正日に軍権を与えないで利用する方針なのだ。

実は金日成在世時代にも、大規模なクーデター未遂事件があった。金日成につぐ地位にあった朴金喆（パククムチョル）党副委員長や李孝淳（リヒョンスン）などのいわゆる甲山（カプサン）派が民族保衛相・金昌鳳と組んで金日成を倒そうとした事件だ。先に述べたように一九六七年のことである。

ただ、平壌でのクーデターに成功しても、三八度線にはりついている北朝鮮野戦軍が平壌に攻め込むと内乱に発展する恐れがあったため、朴金喆は韓国大統領・朴正熙（パクチョンヒ）のもとに密使・黄泰成（ファンテソン）を送った。平壌で事変が生じたら、韓国軍はただちに三八度線で緊張状態を起こし、北朝鮮野戦軍を釘づけにしてほしいと要請に行かせたのである。黄泰成は北朝鮮の対外貿易省次官をしたこともある人物であった。彼は朴正熙の次兄・朴相熙（パクソンヒ）夫妻の仲人でもあり親友でもあった。朴相熙夫妻の娘が朴正熙のもとで韓国の首相を務めた金鐘泌（キムジョンピル）の夫人だ。彼はソウルに無事潜入し、金鐘泌に極秘に接触を図ったが、事情を知らされなかった某機関は黄泰成を単なるスパイとして処刑してしまった。驚いたのは金日成である。徹底的に事実を追及し、真相を知ると、三万人もの大処刑におよんだ。この大粛清以後、北朝鮮には骨のある人間はほとんどいなくなってしまった。

そのときから四半世紀がたった九二年から九四年にかけて、今度はソ連のフルンゼ軍事アカデミーとウォロシロフ軍事アカデミーの元留学生らを中心とするクーデター未遂事件が起きる。このときは約三百人の将校が粛清されたといわれる。九五年十一月にも、人事上の不満から一部に不穏な動きがあり、鎮圧のために空軍まで出動しての大軍移動があったと聞いている。

●金正日が継承できなかった理由

金日成の存命中は毎年発表されていた新年の辞がその死後なくなっていることに注目する専門家は少ないが、私には、それがいまの北朝鮮の権力状況を如実に示しているように思われる。そのかわり、党、人民軍、青年団体の機関紙が三社共同社説を九五年、九六年と掲げているではないかという向きもあろうが、新年の辞は、あくまで国家の代表が新年にあたって当面の政策を述べるもので、それが長年の慣習であった。しかも三社共同社説は、政府の機関紙を欠き、外郭団体でしかない青年団体の機関紙に代行させている。このことはつまり、現在の北朝鮮には新年の辞を述べられる人物がいないことを示しているばかりか、党と軍の連合に、政府が対抗しているという深刻な二重政権状態にあることを示唆しているとはいえないだろうか。

そう考えてくると、金日成の残党政権に好意的な日本の自・社・さきがけ連立政権が経済援助をてこに、国交を結ぼうと盛んに誘いかけていても、北が積極的に乗ってこないわけが分かる。実際は乗ろうにも乗ることができないのだ。国交を結ぶには条約の締結が欠かせないわけだが、その条約を締結するには、国家元首の信任状をもった政府代表が交渉し、署名しなければならない。先に日本政府は北朝鮮に米を贈ったが、北朝鮮のだれに渡し、だれの名義により発行された受領証を手にしたのであろうか。北朝鮮ではいま、労働党にも政府にも真の責任者がいないといっても過言でない。

水害で甚大な被害が出たと、国際機関に騒々しく援助を要請しているが、日本から昨年六月に贈られた五十万トンの米も、やっとこの四月四日に十ヵ月かけて運んでいった。私はこれもまた北朝鮮の二重政権状態を映したものだと見ている。そうとでも考えないことにはわけが分からないのである。

ところで金正日は父親の死亡後、三編の論文を発表している。それぞれの題目は、①社会主義は科学である（九四年十一月一日）

②思想事業を優先することは、社会主義遂行の必須的要求である（九五年六月十九日）
③朝鮮労働党は偉大な首領・金日成同志の党である（九五年十月五日）
　というものである。

正日の主張には中国も不快感

金正日の主張は、朝鮮労働党は金日成首領の党であるから、自分が受け継ぐのが当然である。社会主義が崩壊したのは社会主義の背信者たちが資本主義国家の経済援助を受けたためであるから、対外開放をしてはいけない――ということに尽きる。その内容は、彼が九二年三月一日の「社会主義の誹謗は許さない」という論文のなかで主張したものと軌を一にしたものである。このときの論文は、中国共産党指導部は社会主義背信者であるといわんばかりのもので、中国もさすがに不快感を隠さなかったが、逆にいえば、中国の市場経済移行の影響がそれだけ大きいということでもあろう。

九五年十月八日の軍首脳人事直後に発表された、十二日付の朝鮮労働党機関紙・労働新聞論説「信念と義理は、私たちの生命である」は実に衝撃的なものであった。その論説は「革命の領導者は唯一である。生きようが死のうが、常に領導者と運命を共にする覚悟ができている革命家というものは、銃こそ普遍の同志であることを知っている。背反者は同志のなかからでさえときに出るが、銃は背反を知らない。銃はいつだって撃ちさえすれば主人の意思に従い敵を捕る……銃だけが革命家にとって無言の同志なのである」

と謳い、軍の蜂起をにおわせていたからである。私には革命先輩に反旗を翻すことを呼びかける脅迫としか読めなかった。

北朝鮮の大軍が軍事境界線へ移動する事態が起こったのはそれから間もなくのことであった。米・韓当局は南侵の兆しではないかと緊張した。私の見方はしかし違う。おそらく、金正日派と人事に不満を持つ野戦軍の若い将校らの不穏な動きを察し、崔光らがいち早く打った手であったのだろう。なぜ、そう見るのか。裏づけは二点ほどある。一つは、九五年十二月二十五日に発表された「革命先輩を敬うことは革命の要求であり、革命家たちの崇高な道徳的信義である」という金正日の談話だ。これは十月十二日付労働新聞論説とは正反対だから、崔光らに対する降伏状だったのではなかろうか。

もう一つは、九六年一月十日から一カ月間にわたり軍内部で展開した綱紀刷新運動という名の過酷な思想チェックだ。たぶん、金正日派かどうか、幹部将校は徹底的にチェックされたのであろう。今年二月、平壌の護衛処の下士官が国外脱出を要求してロシア大使館に逃げ込み、結局は射殺された一件も、軍内部の権力闘争と粛清から派生した事件と見るべきだと私は考える。

金正日の「革命先輩を敬うことは革命の要求であり、革命家たちの崇高な道徳的信義である」との談話は、崔光が説いてやまない「革命第一世代たちの闘争と思想を高く評価すべきである」という主張に沿っている。金正日はこの長い談話のなかで「革命先輩を尊敬することは即、首領に対する忠実性である。革命先輩の思想と業績の継承は即、首領の革命と指導業績の継承である」とも述べている。つまり、革命先輩である軍長老こそ金日成革命の後継者だというわけだ。党機関紙「労働新聞」を使っての軍長老への挑戦状はかくして再び、崔光に凱歌があがった。金正日は再度、完敗したのであった。

●金正日が継承できなかった理由

そもそも金正日談話の題目から異常であった。「偉大な首領・金日成同志を敬うことは……」でなく、「革命先輩を敬うことは……」となっていることはつまり、従来の唯一首領制度を修正し、革命先輩という集団を尊敬すべきだということだから、前代未聞の表現といえた。それればかりではない。労働新聞は二月二十四日付でも「共産主義道徳は集団主義道徳」という長文の論説を掲載した。「集団指導体制」とは直接いっていないが、金正日が代行を始めた一九八〇年十月の第六回党大会以後は、労働新聞に「集団主義」というスローガンは影をひそめ、「唯一領導」「主体思想」だけが宣伝されてきた。唯一領導者を自任している金正日にとっては、この時期の「集団主義」強調は喜ぶべきことではないはずである。ましてや金日成死亡からほどない九四年八月二十五日、公安担当の政治委員・桂応泰（ケウンテ）は「これから党は集団指導体制でいく」と言明している。しかし、革命第一世代の最後の闘争も、金正日のひっきりなしの反抗と、若い世代の抵抗とにぶつかり、長くは続かないだろう。

　喪中のうちは権力を継承しないのだと弁明していた金正日派も、九六年七月の喪明けからはそうもいっていられなくなる。金正日が九三年五、六月ごろに向こう三年間の党権停止処分を受けていたなら、その解除も近い。金正日としては七月にはなんとか政府と党の最高地位、すなわち国家主席と党総書記に就こうとするであろう。しかし革命第一世代の生き残りたちは、それを全力で阻止するはずである。金日成という目の上のこぶがせっかく取れたというのに、「第二の金日成」から人生の終局をまたもや縛られることはない。

　革命第一世代と金正日の生死をかけた権力闘争はもはや避けがたい。今年の七月の喪明け後も権力継承に成功しないようだと、金正日は二度と「金日成」にはなれないから、金正日派も死にもの狂いで闘うはずである。しかし現在の情勢では、軍長老たちのほうが明らかに有利に事を進めているといっていい。

金正日の妻も処刑を恐れて逃亡

先ごろ、金正日の元正夫人・成恵琳(ソンヘリム)が居住先のモスクワから姿を消し、自由主義国家に脱け出て世界の耳目を集めた。成恵琳も金正日の将来に希望が持てるのであれば、息子を平壌において亡命などしなかったろう。成恵琳は私と同郷の同志の娘でよく知っているが、「金正日は必ず処刑される。金正日が処刑されれば、彼の妻として自分も処刑されるだろう」と恐れていたという。亡命前も「いくらあがいても、北朝鮮は三年もたない」と、身内に漏らして、悩んでいるふうだったという。

金日成が持っていた権力を金正日が合法的に継承するには、まず党総書記に就任しなければならない。そのためには六月までに第七回党大会を招集して、そこで党総書記に選出されなければならない。共産国家である以上、それも満場一致である必要がある。党大会は前回の八〇年十月以来、一度も開かれていないから、任期は十二年前に切れており、党大会を正規に開くには最低でも、三カ月間の準備期間がいる。

一方、国家主席に就任するには、最高人民会議で選出されなければならない。第九期最高人民会議の任期も九四年四月に切れてしまった。新しい代議員選挙準備にも、最低五、六カ月はかかる。しかし現在、北朝鮮で党大会や最高人民会議の選挙を準備する動きはまったくない。ということは、九六年の六、七月の時点で、金正日が合法的手続きによって権力を継承する可能性はないということになる。彼が継承するには、非合法すなわち暴力的手段しかない。が、そうした力がもし金正日にあったなら、この二年の間に継承していたはずである。

だからといって、国家主席も空席、党総書記も空席のままこの先もいけるはずはない。つまり金正日が全権をとっても、革命第一世代の生き残りが全権を握っても、金日成の名を借りた遺訓統治をこれからも続けていくしか方法はないということになる。すなわち、金日成体制の踏襲だ。金日成体制とは、①軍警による徹底的国民監視、②食糧配給制、③国民の移動抑制、④鎖国——である。

しかし軍人といい警察官といい、人民大衆の子でしかない。父母兄弟姉妹が飢えているのを日常的に見ていては、心穏やかではあるまい。事実、軍警ともに国外脱出者の増加に頭を抱えている。地方はもともと貧しいのに、食糧配給がとどこおり、国家の統制力は日に日に落ちている。ただ逆に、食糧の物々交換が進むなかで、禁じられてきた隣村との情報交換が起きているとも聞く。我慢強い北の人々にも次第しだいに限界点が近づいてきていることだけは間違いない。

いま、韓・日・米は北を政治、経済の両面でソフト・ランディング（軟着陸）させるべく、必死である。しかし仮に三百億ドル規模の経済援助に踏み切っても、それに伴って大量の技術者が入国しなければ成果はない。ただ、金正日派、革命第一世代グループのどちらが実権を取るにしても、韓・日・米技術者の大量の入国は受け入れないであろう。それをすれば、国内の動揺を防げないからだ。

北朝鮮が旧西側諸国に大使館の設置を認めることは絶対にないと断言できる。亡命希望者が死を覚悟してなだれ込んでくるのは目に見えているからである。結局、日本とアメリカのソフト・ランディング政策は失敗し、北の二千万の人々の不幸を延長させ、恨みを買うのみであろう。私どもの憂慮は、そうしたなかで増すばかりである。

以上が、私が確信をもって書いた〝当時〟の状況認識である。

●金正日が継承できなかった理由

ここでのポイントは、党権を剝奪（はくだつ）されたままの金正日は、非合法的な方法でしか、権力を継承できなくなっていたということだった。

そのうえ、自分が排除してきた継母や叔父が自分を押しやる形で、表舞台に登場してきている。軍部は崔光ら長老に握られてしまった。金正日の〝進退窮まる〟状態だったのだ。このへんの状況把握が私の「金正日後継困難」説の根拠になっていた。

拭えない〝父親殺し疑惑〟

しかし、私は、この原稿のなかで、肝心なことは書いていない。

——なぜ、金正日が、父の跡を継げないのか——のもうひとつの謎についてである。

一方で私は、九六年十二月、『北朝鮮 悪魔の祖国』（ＫＫベストセラーズ）を上梓し、そのなかで、はっきりと「金日成急死疑惑」についてふれた。

金日成の突然死については、死亡報道の直後から、韓国人の間では、〝裏には何かある〟という噂がとびかっていた。その点に関しては李忠国（イチュングク）が『金正日の核と軍隊』（九四年、講談社刊）のなかで、突然死への強い疑問を呈しているが、私は、金日成は暗殺されたと信じている。そして、そのことが、金正日の主席・総書記就任を阻んでいた第二の原因だと思っている。もちろん、第一は、すでに述べたように本人の無能である。

ところで、北朝鮮から亡命した黄長燁（ファンジャンヨプ）が、親しい友人に語った話として「金日成主席は、金正日との激論の際、興奮し心臓麻痺を起こして死亡した」という記事が韓国の「中央日報」に掲載された。

日本の新聞は、新事実のように報道したが、これは、少なくとも新しい話ではない。

韓国の週刊誌『週刊朝鮮』は九六年、すでに、こう報じている。

「……七月八日、政治局会議が妙香山（ミョヒャンサン）で開かれた。席上、朝鮮統一問題をめぐって、金日成と金正日の間で、大激論になった。そして、金正日は、父親に向かって、絶対いってはならないような言葉を発したのだ。『くそおやじ！』……怒った金日成はあまりの興奮で心臓麻痺で死んでしまった……」

私は、この記事を書いた記者に会って、事実関係を確かめた。記者はこの記事の内容どおりのことを話した後、こうもいってた。

「激しいいい争いで、護衛兵が思わずピストルを撃ったら、それがグラスに当たって割れたんです……」

しかし、これは明らかに嘘だと分かる。なぜなら、金日成の前ではピストルは抜けないし、抜いたとしたら失敗は許されない。相手を必ず撃たなければならない。だから、ピストルが発射されたということはありえないし、万が一、それが事実だとしても、金日成がピストルの音で死ぬなんてことは考えられないだろう。

事実は、藪のなかだが、推察できる材料は数多くある。

まず、金日成主席死亡の医学的結論書から始めてみよう。

七月九日正午、平壌放送が発表した、金日成主席の病気と死亡原因についての全文はこうである。そして、これ以外に正式には何も発表されていない点も重要だ。

〈朝鮮労働党中央委員会総書記・朝鮮民主主義人民共和国主席である敬愛する領袖金日成同志の疾病と死亡原因についての医学的結論書〉

敬愛する領袖金日成同志は、心臓の血管の動脈硬化症により、治療を受けていた。

度重なる精神的な過労により、一九九四年七月七日、甚だしい心筋梗塞が発生し、心臓ショックが併発した。

即時、あらゆる治療を行ったにもかかわらず、心臓ショックが悪い方向に向かい、一九九四年七月八日午前二時に死亡した。

一九九四年七月九日に行った病理解剖検査では疾病の診断が完全に確定された。

この短い発表文のなかに〝死の疑惑〟を深める点は二つある。

第一点は、心臓の血管の動脈硬化症により、という部分だ。

金日成に心臓が悪いという話はなかった。確かに「朝鮮日報」記者、呉太鎮（オテジン）は、九一年に、金日成の心臓が相当悪いと書いている。スイスに治療に行ったとも書いている。しかし、国家の最高機密に属する元首の健康状態が、そんな具体的に外に漏れるのだろうか。

そして、九三年六月末ころから、金日成の健康悪化説が北朝鮮の体制を固く支持する確信階層のあちこちから漏れ始めてはいた。噂は日本の朝鮮総連の幹部の耳にも入ったという。本来、独裁者の健康状態は、絶対秘密にされるものである。ましてや、北朝鮮では、こんな噂を流したとしたら、たちまち処刑されてしまう。

これは、意図的に情報をリークしていると、私は感じとった。そして、その裏には何かあると……。

●金正日が継承できなかった理由

「ダモクレスの剣」という伝説がある。

紀元前四世紀のシシリー島シラクサ市（古代ギリシアの都市国家）の僭主（タイラント）ディオニュシス一世の廷臣だったダモクレスが、「王は幸せで、うらやましい」といったところ、「じゃや、かわってみよう」と、ダモクレスを王座につけた。ダモクレスは上気嫌だったが、ふと頭上を見ると、馬の毛一本でつないだ剣が吊るされていたという。僭主とは、武力などの不正な手段によって君主の座を手に入れ、政権を占有した独裁者のことである。敵の多い僭主の幸福は、常に危険にさらされているのだということをディオニュシスはダモクレスにしらしめたのだ。

金日成（キムイルソン）も僭主である。

彼は非道と嘘で生き抜いてきただけに、常に小心翼々とし、疑心暗鬼にさいなまれていた。飛行機やヘリコプターなど地に足のつかぬものにはまず乗らず、どんなに遠くとも、列車以外は利用しないほど疑い深かった。

金日成の御用列車は、彼ひとりのために、医療機械から医師団、食堂車に調理係、執事と御用係、堅固な警護隊と、七、八両にもおよんでいた。

金日成は、どこで、どんな病気に襲われようと、あるいは、不慮の事故に見舞われケガをしようとも、すぐ治療できるように、医療装置と医師団を帯同していた。

それは死の直前までそうであった。

そして、金日成ほど健康に細心の注意をはらった人もいないだろう。平壌には、兄弟（ヒョンジョン）山（サン）のふもとに彼の健康を維持するための「長寿研究所」があるという。そこには、彼と同じくらいの年齢で、体質体格の類似した人たちが集団収容生活をさせられて、金日成の健康維持のための臨床実験に供されていたといわれ、また、いざ臓器移植に備えて、相当数のドナーも用意されていたともいわれている。

「首領は脳、党は心臓、人民は手足」の標語にあるとおり、神格化された金日成は、数百人ともいわれる医師や研究員によって、健康を維持管理されていた。

日常は、朝鮮の霊薬である、山に自生する山参（サンサム）という山人参（やまにんじん）と、北朝鮮でも東海岸の一地域にしかいない希少な白ナマコの海鼠腸（このわた）を常用して精力増強に努めた。また、中国からも高価な漢方薬を、ロシアやアメリカからも薬を取り寄せ、西洋医学と漢方を併用。側近の医師団が毎日何度も脈をとっては、莫大な費用をかけて健康維持にひたすら努めた。

おそらく鄧小平よりはるかに、偉人であると思っていた金日成は、世界の偉人といわれる誰よりも長寿でいたいと願っていたし、誰もがそう思っていたはずだ。

手際のよい発表と解剖の不可解

事実、死の前月（六月）にカーター元アメリカ大統領と会談したときの様子は、とくに元気そうで、われわれは〝まだ長生きしそうですな〟と苦笑いしたくらいだ。

それだけではない。金日成は、老齢の体にはこたえる夏であるにもかかわらず、六月六日には咸鏡南道（ハムギョンナムド）で現地指導までしているのだ。

八十二歳という年齢を考えれば、動脈硬化症の既往症があっても不思議ではないが、顔の老人性のシミ、老眼、右耳の難聴、弱い足腰は、いずれも老人特有のものである。それらを除けば、金日成にはこれといった持病のないのが定説であった。首の後ろの大きな瘤（こぶ）も、朝鮮の老人にはよく見られる肉体的現象だ。

もちろん、不整脈でも死に至ることもある。原因不明の突然死もまれではない。年齢的には不測の事態も起こりうるだろう。しかし、現代医学では心筋梗塞とはいえ、応急措置を施せば、すぐ死ぬということはないはずだ。にもかかわらず、突然死とは……。

第二点は、北朝鮮としては信じられない早さの発表と解剖だ。

発表のタイミングの早さについては、毎日新聞の重村智計氏が『北朝鮮崩壊せず』（九六年、光文社刊）のなかで、私とはまったく反対の観点から、こんなことを書いている。

《一九九四年七月九日、金日成主席の死亡を伝える毎日新聞の夕刊に、「米は自然死に疑問」というタイトルの共同通信配信の記事が掲載された。同じ日の朝日新聞夕刊の一面にも、同じ共同通信の記事を利用したと思われる記事が掲載されていた。じつは、両方とも掲載してはいけない記事であったにもかかわらず……。

「【ワシントン八日共同】米情報筋は八日、金日成朝鮮民主主義人民共和国（北朝鮮）主席が死去したとの報道について、米朝高官会議など『不思議に時期が一致しすぎている。自然死とは考えにくい』と述べ、何らかの内部抗争による死亡の可能性がある、との見方を明らかにした」

この共同通信の記事がなぜ、おかしいのか。まず、時間的にみて取材できるはずがないことが第一。金日成主席の死亡が発表されたのは日本時間で七月九日の正午である。この時間はワシントンでは八日の夜十一時である。夕刊の締切り時間まで一時間半しか残されていない。この真夜中のわずかな時間に、ワシントンで取材するのはアメリカ人の記者でも不可能に近い。》

実は、私はこの新聞は読んでいないのだが、そういうことがあったのなら、彼の疑問とは逆に、北朝鮮ルートで、かなり早いリークがあったのではないかと推測もできる。

あまりに早い対応は、かえって疑わしい。死後ときをおかずして解剖したのはなぜか。

いまだに儒教思想が色濃く残る朝鮮半島では、西洋医学が主流にある現代においても、身体にメスを入れることをとても嫌う。漢方医が栄えている大きな理由である。まして、死者の身体を解剖するなど許しがたいことである。

日本でも、在日韓国・朝鮮系のとくに高齢者はメスを入れる手術を嫌う。

また、死後、医学的に解剖の必要のある場合、その重要性をいくら説いても、遺族は誰もが、アイゴー、アイゴーを繰り返すばかりで、説得に応じないという。

そんな伝統のある国で、神とあがめる首領様（スリョンニム）の身体にメスを入れるということがあるだろうか。自然死なら、何も急いで解剖したり、あわてて死因を究明して発表したりする必要もないだろう。

もし、金日成の死に人の手が加えられたとするなら……。

私が推測するには、解剖に鍵がある。

事実を隠すために、解剖によって自然死にみせかけようとしたのか。あるいは、死後の素早い解剖は、毒物反応が出る前に処置したとも考えられる。

さらに推測すると、金日成に異変ありとの平壌への連絡は、暗殺成功の合図であったのではないか。ヘリコプターは三機出動したが、二機はダミーだった。もともと残る一機が、医療団として、解剖という裏の名目で遺体処理をしたのではないだろうか。

北朝鮮は金日成を神とあがめる、「一神教」の国家だ。「一神教」では遺体を保存する伝統がある。旧ソ連のレーニン、スターリン、ブレジネフが、中国では毛沢東がそうであったように……。

遺体保存には細菌の繁殖しやすい内蔵を取り除き、血管の血液を抜きつつ、赤い色素の入ったホルマリンを注入するエンバーミング処理をしなければならない。間髪をいれぬ対応は、証拠隠滅を兼ねた遺体保存の事前準備であったとも推測できる。そう思うのは私ひとりだけではないだろう。

いずれにしても、形式主義で、なにごとにも、めんどうな手続きを要する北朝鮮で、神なる首領様の遺体の扱いにしては、手際がよすぎる。今となっては、知る人ぞ知るである。

●金正日が継承できなかった理由

不思議なことが起こるものだ。

平壌の新聞によると、金日成の宿泊したその日の妙香山(ミョヒャンサン)の別荘の料理係や寝室係などの御側(おそば)要員数十名が、「首領様のお命をお守りできなかった」と、責任をとって集団自殺したと小さく報道した。

九六年九月の潜水艦侵入事件でも、特殊任務要員以外の乗組員十一名の自殺もしくは射殺による、遺体が発見された。生きて虜囚の恥ずかしめを受けるより、潔い死を選んで忠誠を誓ったのではと、巷間伝わった。

北朝鮮のような国家では、責任を死で代償することも、忠誠を死んで表すこともありえるだろう。

しかし、金日成の死は自然死、心筋梗塞であると政府は発表した。彼らに自殺までする責任はないはずだ。殉死ということもありえないことではないが、いかに北朝鮮とはいえ、この現代において、不自然だろう。口封じと考えたほうが自然ではないだろうか。

誰が殺したかについてはいうまい。このときの北朝鮮の状況を理解すれば、金正日一派とは推量できる。

金正日のクーデター

一九九七年に入ると、早々の一月十日、毎日新聞は六段見出しで『金正日書記「年内に主席」』と報じた。

私は、金日成死去後、満三年になる九七年夏頃には、遺訓統治でかろうじて体面を保っている北朝鮮で、政変が必ず起こると思っていたから、この報道で、いよいよアドバルーンが上がり始めたと感じた。

その勘を見通していたかのように、二月十二日に、労働党書記で国際担当の黄長燁(ファンジャンヨプ)が、日本からの帰途、北京で韓国への亡命を申請（現在亡命中）して、世人を驚かせた。イデオロギー国家である共産主義国家で、「国教」になっている「主体思想」のイデオローグが、「北朝鮮は社会主義国家ではなく封建軍事独裁主義国家だ」と暴露して、敵国である韓国へ逃亡したのだから、北朝鮮内の重大な矛盾が、ついに噴き出したといえる。

黄長燁亡命事件後の二月十四日には、党の政治委員であり政務院総理（首相）である、姜成山の所在が不明になった。後日、所在が確認されたという情報もあるが、追放されたと見るべきが正しいだろう。しかし、国家主席と党総書記という最高ポストが、代理も立てず空席である以上、人事権を持つ人も不在なら機関もないということになる。法的に首相の地位を動かせる者はいないはずなのに、現実には姜成山はその座を追われている。

さらに、二月二十一日には政治委員兼人民武力部長の崔光（チェグァン）が心臓麻痺で急死した。崔光は金日成によって過去、二度追放の憂き目に遭っている。しかし、不死鳥のように返り咲いた男である。金日成死後は総参謀長として人民軍を完全に統括していた。五〇年の朝鮮戦争のときは、九五年にガンで死亡した人民武力部長だった呉振宇より、同じ師団長でも数段格上の第一師団長を務めた。北朝鮮の軍人では、八二年四月に金日成に謀殺された崔賢が最も人気があった。今も軍部ではひそかに語り継がれていると思われる。

崔賢死後は崔光が最も人気と実力を備えており、金正日の貫録ではとうてい、彼を抑えることはできない。そのうえ、崔光は軍人として唯一、党の政治局員を兼ねていたから、金正日にとって、最もうるさく邪魔な存在であったはずだ。崔光は呉振宇死亡後、人民武力部長となり、金光鎮（キムグァンジン）を第一副部長に抜擢して、人民武力部を完全に掌握していた。

金正日派と見られる李乙雪（リウルソル）は、金日成・正日父子のボディーガードの任務を担当し、平壌市内におよそ九万人の特殊部隊を擁する護衛総局を管掌していた。彼は軍の指揮官というよりも一介の殺し屋である。そのうえ、金正日派の総政治局長、趙明禄（チョミョンノク）は空軍司令だったし、総参謀長の金永春（キムヨンチュン）は咸鏡北道の第六軍団長でしかなかったから、陸軍だけでも九十万人の圧倒的多数を占める、主力戦闘軍である野戦軍を掌握し、朝鮮戦争以来から培った人脈を持つ崔光には、とても太刀打ちできない。金正日が軍を掌握するには、まず崔光を排除しなければならなかったのだ。

人民武力部長の死にも疑惑あり

この崔光の突然の心臓麻痺死に疑惑が持たれるのは、まず第一に金正日とは両立できない相克関係にあったことと、第二に同じ人民武力部長であるにもかかわらず、葬儀委員の数が呉振宇のときには二百四十人であったのに対し、崔光の際は八十五人でしかなかった。いかにも形式的である。葬儀委員八十五人のなかに当然入るべき、徐允錫（ソユンソク）（政治局員）、崔永林（チェヨンリム）（政治局員候補）、延亨黙（ヨンヒョンムク）（同）、李善実（リソンシル）（同）、徐寛熙（ソグァンヒ）（中央委書記）、金煥（キムホアン）（副首相）、李河一（リハイル）（大将）などが除外されている。

とくに注目すべきは、葬儀委員の序列において、軍首脳の李乙雪、趙明禄、金英春ら金正日派を代表する三人が、政治局員である桂応泰（ケウンテ）、全炳浩（チョンビョンホ）、韓成龍（ハンソンリョン）の上に並んでいたものが、葬儀の当日になって政治局員の下に戻されていることである。軍首脳三人に対し、政権内部で相当な反発があったとみられる。つまり、金正日派が完全に覇権をとっていないことの表れであった。

九四年に咸鏡北道の第六軍団でクーデターが起きているが、九六年十二月には、咸鏡南道にある第七軍団でクーデターがあり、大将級が連座して捕まったという情報も入っている。それ以来、金正日は現地指導と称して、躍起になって各地の軍部隊を訪れてはヘゲモニーをとろうとしている。しかし、彼の身は決して安全ではない。その証拠に、この章の冒頭の写真で分かるとおり各部隊と記念撮影をするときでも、左右に自動小銃を持った護衛兵をつけ、すぐ後ろには双眼鏡を持った警備兵を擁している。

人民武力部と圧倒的大勢の野戦軍を背景にした政治局員兼人民武力部長の崔光が急死し、その六日後には崔光の腹心である、人民武力部第一副部長の金光鎮次帥が死んだ。軍において、彼らは明らかに金正日を凌駕（りょうが）している。わずか一週間のうちに軍のトップ二人が相次いで死んだのだ。これは病気で死んだということでは説明にならない。

一方で、金正日は、九七年四月、およそ百三十人を大量昇進させた。肩章の大盤振舞いは、いい換えれば同人数の粛清である。

軍にかぎらずこのほかにも、二月に党の国際部長・玄俊極（ヒョンジュングク）が解任され、三月には元党書記の柳章植（ユジャンシク）をはじめ元政治局員候補クラス四人が逮捕されたほか、党中央委員候補など三人が死亡している。

日本のマスコミは気づかなかったようだが、これは二月政変ともいうべき重大事態である。黄長燁の亡命は、社会科学院をはじめイデオロギー部門の全部が粛清の対象となる。政府の姜成山系列もみんな粛清されるだろう。姜成山も崔光も政治局員であり、黄長燁は党書記である。金正日が党総書記、あるいは国家主席であるなら、二月政変は粛清であるが、金正日は政治局員でもなければ、書記でもなかった。したがって、人事に手を出せる立場にはない。この政変は金正日の起こしたクーデターであったと認識すべきだろう。

根拠なき金正日の総書記就任

九七年十月八日午後五時、平壌放送と朝鮮中央放送は、重大な発表があると予告したうえで、朝鮮労働党中央委員会ならびに朝鮮労働党中央軍事委員会の特別報道として、「金正日同志が我が党の公認された総書記に高く推戴されたことを厳粛に宣布する」と発表した。人民は喜びと感激にあふれ、金正日同志を命をもって死守すると、全国津々浦々から歓呼が起こり、人民は全国で花火をあげ踊りはしゃいだという報道がされた。しかし、いつ、どこで、どのような手続きで推戴されたか、この発表では一切ふれていない。

十月十日になると労働党機関紙「労働新聞」は、党創立五十二周年記念社説で、金正日総書記選出は、「実務的な手続きではなく、全党的な大政治事業として、党の最高指導者を推挙したことは、労働階級の党建設の歴史になかったこと」と正規の手続きを踏まず「全党、全軍、全人民の総意」によって行われたと、手順が超法規的措置であったことを明らかにした。

一九六八年、朝鮮労働党の規約を、それまでの中央委員長、副委員長制から、総書記と書記制に変更したときは、事前に公表し、十月二日の第四期第十四回党中央委員会総会で金日成が党総書記に満場一致で選出されたと発表された。そのとき、金日成本人がテレビの前に姿を現し、写真も大々的に発表した。

しかし、八日の平壌放送では、テレビのアナウンサーだけがヒステリックな声で叫ぶだけで、金正日本人はおろか推戴される現場の映像すらまったくなかった。これでは、金正日はどこかに隠れていて、会議も開かれず、ただ、放送局に命令して放送させた、と疑っても無理はない。

この決定は、労働党の規約上、違法であり規約違反である。労働党の総書記は中央委員会総会で、しかも満場一致で選出されるのが普通である。

これまでの発表では地方党の代表者会議で、金正日を党の総書記に推戴するという決議をしたと、報道されてきた。しかし、地方代表者会議では党総書記を推戴する権限など本来ない。

●根拠なき金正日の総書記就任

中央の全党代表者会議は、中央委員会が召集するものであるが、全党代表者会議が開かれたという発表は、今日までまったくなかった。もし、全党代表者会議が開かれたとしても、全党代表者会議には、党総書記を推戴する権限はない。全党代表者会議は、党大会と党大会の中間において、特別な重大議案があるか、中央委員に欠員が出た場合に、補充選挙をするのが役目である。

中央委員全員の改選は、党大会においてのみできるものであり、中央委員会総会が開かれたという発表もない。ただ、その名称だけ盗用しているのだ。また、中央軍事委員会が党総書記を推戴あるいは選出する権限など、ありようがない。

当然のことだが、金正日の党総書記推戴は、党の規約に照らして、形式上も手続上も違法であり、無効というべき性質のものだ。

新しい出発の門出からして違法であり、金正日は自ら承知で党規約を踏みにじった。これでは国の開放も民主改革も望むべくもない。金日成の第一代と同様、まやかしで築いた第二代金王朝の始まりは、終焉の幕開けといえる。

なぜ、こんなことが起こりえたのだろうか。金正日が反対勢力を粛清していたことはすでに述べた。しかし、どの程度のものかはつかめていなかった。ところが、確かな情報として、亡命した高位級幹部の話では、金正日は、今日を迎えるために、金日成死後のわずか二年の間に、労働党員五万人を含む二〇〇万人を餓死（食料を与えず放置）粛清したというのだ。これでは、大虐殺によって王朝を築いた父親と同じではないか。

金正日の総書記就任は、四八年の金日成の再来であり、二〇〇万人の虐殺は五六年を彷彿させる。五六年当時も高級幹部の亡命が相次いだ。九七年二月の黄長燁、八月の張承吉駐エジプト大使をはじめ、近年の外交官や海外派遣員といった幹部の亡命は、粛清が激しくなっている証拠である。最期の悪あがきにほかならない。

金日成政権はまさに虐殺の歴史の上に成り立ってきた。なぜ、金正日も同じ道を歩むのか。金正日には金日成のようなカリスマ性もなければ、国民の人気もない。権力にも疑問があり、執権能力もない。これまで金正日を担いできたのは、十七、八人の彼の側近たちである。違法な総書記就任は、金正日の側近たちの権力維持にほかならない。

四人組を中心に正日を担ぎ上げた

そのうちの北朝鮮の四人組といわれる党中央委書記・崔泰福（チェテボク）、万景台（マンギョデ）革命学院出身で党中央委書記（組織人事）の金国泰（キムグクテ）、党中央委書記（宣伝）・金己男（キムギナム）、党中央委書記(対韓、対日工作担当書記）金容淳（キムヨンスン）らは、毛沢東の妻である江青を筆頭とする中国の四人組と同じ立場で同じ働きをしてきた。中国は開放したから、その悪事が世界に知れることになったが、北朝鮮は依然として閉ざされたままである。

金正日の側近を整理すると、次のようになるだろう。

●四人組（カッコ内は年齢。その下は肩書）

崔泰福（?）党中央委書記、党中央委政治局員候補、最高人民会議代議員

金国泰（68）党中央委書記、組織人事（党人事を握っている）、万景台革命学院第一期生（金策の長男）、最高人民会議代議員

金己南（65）党中央委書記、党中央委宣伝担当秘書、元「労働新聞」主筆、最高人民会議代議員

金容淳（65）党中央委書記、対南・対日担当、最高人民会議代議員、朝日友好親善協会最高顧問、朝鮮アジア・太平洋委員長、最高人民会議統一政策委委員長

●同年代の側近

金敬姫（52）金正日の実妹、張成沢の妻、金正日の女性界における人脈の中心。中央党軽工業部長、最高人民会議代議員

張成沢（52）党中央委委員、最高人民会議代議員、金敬姫の夫。党中央委組織指導部第

一副部長（最近、不正蓄財で叱責されたという話が出ている）

李(リ)　徹(チョル)（56）金正日と金日成総合大学の同級生。駐スイス大使、ジュネーブ国連事務局常任代表兼国際機構常任代表（金正日のスイスに保管してある秘密資金管理担当およそ二十億ドルの秘密資金は亡命資金とも？）

崔龍海(チェヨンヘ)（55）金日成社会主義青年同盟中央委第一書記、朝鮮サッカー協会委員長、最高人民会議常設会議議員・代議員（崔賢、元人民武力部長の子息。崔賢は八二年四月九日、暗殺されたが、ただ一人、金日成を呼び捨てにできた人物だった。金正日も一目おく、側近中の側近で政治感覚は鋭い。九月、不正蓄財で叱責、はずされた可能性もある）

※金達玄(キムダルヒョン)（58）最高人民会議代議員（化学工業のエキスパートだが、保守派とライバル関係にあり、現在、地方の企業所支配人に更迭中。金日成の母方の姪の婿。副総理や国家計画委員会委員長を歴任した経済通。金正日の寵愛する人物で、能力的には副総理もしくは総理に返り咲く可能性大）

●軍の側近

李乙雪(リウルソル)（77）護衛総局長、元帥、党中央委員、党中央軍事委委員、共和国国防委委員、

最高人民会議代議員（パルチザン出身、現在、アルツハイマー状態で、仕方なく金正日のボディガードをしているといわれている）

趙明禄（チョミョンノク）（73）　人民軍総政治局長、党中央軍事委委員、空軍司令官出身、次帥、最高人民会議代議員（万景台革命学院出身の政治軍人で、パルチザン時代に金正日をおんぶして歩いた。金正日の最大の太鼓持ち、すなわち、寵愛第一人者的存在）

金永春（キムヨンチュン）　人民軍総参謀長、次帥、党中央委員、最高人民会議代議員（故・呉振宇との対立で金日成から更迭された呉克烈派で、作戦局長時代、連座して中将から大佐へ左遷されたが、第六軍団のクーデターを鎮圧、その功績で大躍進した）

白鶴林（ペクハクリム）　社会安全部長、次帥、党中央軍事委委員、党中央委委員、最高人民会議法制委副委員長（すでにボケているといわれる）

玄哲海（ヒョンチョルヘ）　総後勤（後方）局局長、党中央委委員、大将

元応熙（ウォンウンヒ）　保衛局長、少将、党中央委委員、最高人民会議代議員

朴在京（パクジェギョン）　随行第一秘書、大将、党中央委候補

金太植（キムテシク）　偵察局長、中将

張成禹（チャンソンウ）　第三軍団長、大将、党中央委委員、最高人民会議代議員（金正日の実妹の夫・張成沢の実兄）

※呉克烈（オクンニョル）（68）党中央軍事委委員、大将、党中央作戦局長、最高人民会議代議員（万景台革命学院一期生でソ連空軍大学出身の軍人。人民武力部長候補の最短距離にいたが、呉振宇との対立で金日成によって左遷、参謀総長を解任された。しかし、金正日の信任はすこぶる厚く、金正日から贈られた「216・5555」ナンバーのベンツに乗っている。近いうちに金正日に再登用される可能性大）

●根拠なき金正日の総書記就任

次に金正日体制の最新序列をあげてみよう。

一九九七年十月十日の労働党創立記念日の前夜祭に出席した要人は次のとおりだ。公に発表される序列順位は名目的である。ここに登場した人たちが金正日体制の最新の要人人事である。

李鐘玉（リジョンオク）（81）党中央委政治局員、国家副主席、党中央委員、国家学位職授与委委員長、最高人民会議代議員朴成哲（パクソンチョル）（84）党中央委政治局員、国家副主席、党中央委員、中央人民委委員、最高人民会議代議員、祖国統一民主主義戦線中央委議長

金永南（キムヨンナム）（72）党中央委政治局員、副総理兼外交部長、党中央委員、最高人民会議代議員、祖国平和統一委副委員長

桂応泰（ケウンテ）（72）党中央委政治局員、党中央委員、最高人民会議法制委委員長

全炳浩（チョンビョンホ）（73）党中央委政治局員、党中央委書記、党中央委員、最高人民会議代議員、共和国国防委委員、党軍需担当秘書（軍の経済を第二経済というが、第二経済のエキスパートで六〇％以上を掌握している。万景台革命学院出身、金日成総合大学卒）

韓成龍（ハンソンリョン）（70）党中央委政治局員、党中央委書記、党中央委員、最高人民会議予算委委員長、最高人民会議代議員（北朝鮮の経済の第一人者、金正日とはすこぶる緊密で、キップムジョ・パーティー参加組。九二年内閣改編のとき、金正日は韓成龍を、金日成は姜成山を推して、敗れはしたが、有力な総理候補である）

以上が、政治局員である。

政治局員は金正日を除いて、これまで九人いたが、現在は右にあげた六人と思われる。姜成山、金英柱、徐允錫の三人は出席しなかったので、更迭されたとみるのが妥当である。

政治局員以外の要人序列と出席者はこうなっている。

李乙雪（軍）

趙明禄（軍）

金永春（軍）

楊亨燮（ヤンヒョンソプ）　党中央委政治局員候補、最高人民会議常設会議議長、党中央委員、最高人民会議代議員、祖国平和統一委副委員長、共和国議員同盟委員長、祖国統一民主主義戦線中央委議長、英国人民との親善のための朝鮮委員会委員長、金日成放送大学学長

崔泰福

金喆萬（キムチョルマン）（77）　党中央委政治局員候補、党中央軍事委委員、党中央委員、最高人民会議代議員、共和国国防委委員、上将（第二経済のドン、金日成マンだが金正日とは緊密、保守派、抗日パルチザン出身）

●根拠なき金正日の総書記就任

洪成南（ホンソンナム）　党中央委政治局員候補、政務院副総理兼総理代理、党中央委員、最高人民会議代議員、朝鮮国際合営総会社理事長（経済のエキスパート）

崔永林（チエヨンリム）（65）党中央委政治局員候補、政務院副総理兼金属工業部長、党中央委員、最高人民会議代議員（民需産業に強い経済のエキスパート、国内のインフラを掌握している。金正日のお気に入りで、二十数年来のつきあい。金日成と金正日とのパイプ役だった）

洪錫亨（ホンソクヒョン）　党中央委政治局員候補、政務院国家計画委委員長、党中央委員候補、（経済のエキスパート）

金国泰

金己南

金仲麟（キムジュンリン）（70代？）党中央委書記局書記、党中央委員、最高人民会議代議員（いわゆる三号庁舎、対南工作の生き字引的存在、三十年間にスパイ三千人を韓国に送った張本人、八〇年代にアウンサン廟爆破事件失敗で左遷、肥くみをさせられるほどの屈辱を受けたが、持ち前の機知と再び専門知識を評価され復帰した。もし、金仲麟が粛清されるようなことがあれば、対南工作員は大

部分が寝返る）

金容淳

以上の一九名が、おそらく、今後、新聞などによく出てくることになるだろう。

しかし、張成沢をはじめ、最高権力者層は、汚職、収賄などで腐敗している。

●更迭組

姜成山（カンソンサン）　政務院総理、党中央委政治局員

金英柱（キムヨンジュ）　国家副主席（金日成の実弟）、党中央委政治局員

徐允錫（ソユンソク）　党中央委政治局員

金正日派による粛清は、本当に反金正日派を駆逐できたのか。三年の喪の間に表面的には制圧したが、一人を粛清するためには、彼の親族、妻方の親族、母方の親族、即ち三族を滅ぼす。三族を滅ぼすには、そのまた三族、九族を滅ぼさなければならない。これが金日成・正日のやり方だが、粛清の繰り返しは、水面下に反金正日派を増加させるばかりである。

公表されていないが、今、北朝鮮から多くの人民が中国に逃（のが）れている。自分の親や身内が粛清され、自分自身にも危険がせまっているからだ。

●根拠なき金正日の総書記就任

これらの人民はいずれ国内の反金正日派と手を結ぶことになろう。彼らが蜂起する可能性は否定できない。

軍も盤石ではない。

金正日は、「軍は即ち国家であり、人民であり党である」と、軍事独裁、軍国主義を標榜して、軍を掌握したかのように見えるが、決して、一枚岩とはいえない。

金正日は、これまで軍人に肩章の振る舞いをしてきた。北朝鮮の人民軍は元帥と次帥を合わせて、元帥クラスが十三人もいる。ちなみに、アメリカ軍に今、元帥はいない。そのうえ将官は千百人とも、千二百人以上ともいわれている。いくら一二〇万人とも一五〇万人ともいるといわれる軍隊といえど、いかにも多過ぎる。しかし、金正日政権が続く限り、今後も、次々に粛清するか、無限に肩章を振る舞い続けるかの二者択一になる。いずれにしても、いつか内部の不満が爆発する日がくるだろう。

人民軍はすでに崩壊して、軍の体をなしていないといわれる。戦力の要である戦士から特務上士の六階級の平均給料は約四ウオンと、月にわずか二十八本のタバコを与えられるだけで、自由を奪われロボットにされた彼らは、食糧配給も減り、不満が募っているという。平壌にいる政治軍人だけが恩恵にあずかるだけで、主戦力の野戦軍は出世もままならず惨めなものだ。彼らは軍事に携わるより、日常は建設や道路工事に従事していることが多い。それでも外界との比較ができないから我慢し耐えるよりない。これが実情だ。

軍人の亡命も少なくない。中国政府が発表しないだけで、三、四千人の軍人と数名の将官級が中国に脱出しているといわれている。彼らもまた、いずれ反金正日派と手を握るだろう。軍と民衆が手を結び蜂起する可能性もある。結果は、ルーマニア然り、歴史が証明している。金正日は、それを最も恐れているのである。

北朝鮮は金日成・正日親子の失政により、餓死者が続出しているにもかかわらず、改革、開放という自助努力もせず、外からの援助にすがって、かろうじて今日まで延命している。

無能の最高指導者が君臨してしまった今、北朝鮮に、明日はないといい切れる。

●根拠なき金正日の総書記就任

国家機関機構図

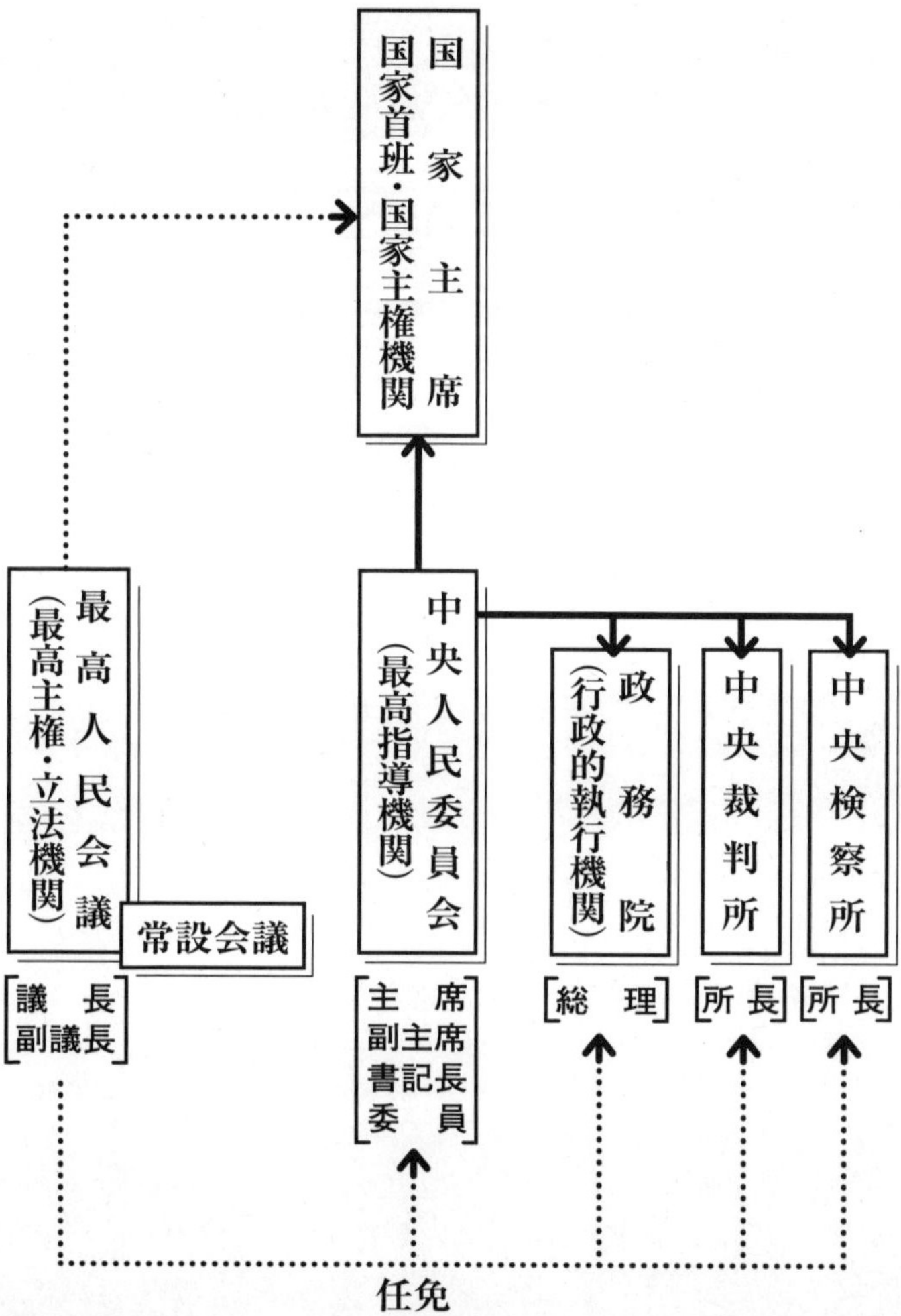

[注] → 印は指導関係を示す。

⋯→ 印は選出・任免関係を示す。

(財)ラジオプレス

第二章　側近が相次いで逃げ出す断末魔

右端が亡命した張承吉大使、左端は故金日成主席（1993年）

黄長燁書記は、こんな家族を残して亡命した

まさかが起こった黄長燁書記亡命

一九九七年二月十二日、朝鮮労働党の書記・黄長燁（ファンジャンヨプ）は日本からの帰途、彼の側近である北京在住の党資料研究室副室長・金徳弘（キムドクホン）とともに、駐北京韓国大使館に亡命した。二人の亡命にあたって、大きく介在したといわれる人物がいる。韓国人実業家Ａ氏と報道された人だ。Ａ氏を私はよく知っている。

現在は、彼の本名が李淵吉（イヨンギル）だということは一般に知られている。

そもそも、彼と私が知りあった契機は、数年前、私が韓国へ行って、北朝鮮問題に関する講演をしたとき、その会場で挨拶を交わしたことからである。彼は北の出身で、解放直後、金日成とソ連軍の占領政策に反対して、南へ来て反共運動をしたといっていた。

以前ならば、彼と私は政治の立場上、仇敵の間柄で、とても挨拶を交わすどころではなかったが、時は変わって北朝鮮を生き地獄にしてしまった金日成父子独裁世襲政権を打倒して、北朝鮮の同胞を解放、救援しようとする当面の目的は一緒なので、彼が「北韓民主化促進協議会」を創立するときも呼ばれていって、祝辞を述べたこともある。

黄長燁が亡命する二年ほど前に、彼は私に北京で黄長燁と接触していることを打ちあけてくれた。その後も二、三回、黄長燁のことを聞いたことがある。私は黄長燁が李淵吉の話を聞いて、韓国へ亡命してくるとは思わなかった。互いに情報交換などをして利用しているものと思った。

今年の二月、黄長燁が日本訪問に来た。彼が東京を離れた翌日、韓国のKBSの東京支局長から黄長燁が北京で亡命したが、事前に何か情報を持っていたかとの電話があり、私は本当に驚いた。

まさか……、同時に「桐の葉一葉落ちて秋を知る」のたとえのように、北朝鮮は、もうおしまいだと思った。

●まさかが起こった黄長燁書記亡命

私たち救国戦線の幹部たちからみれば、彼は後輩といえるが、今の北朝鮮では大物である。

大物の中でも、イデオロギーの面では、金日成の「主体」を理論化した思想堅固な指導者である。その彼が、北朝鮮は封建制国家であるといって、南に逃げてくるくらいだから、金日成の主体思想というものは、本質的に偽物で、内容も空虚なものに違いない。それは権力と脅迫によって化粧されたものであると、私は前から信じていたが、主体思想の張本人である黄長燁の韓国への亡命によって、それが実証されたわけである。

死の危険もあった五百枚の論文

ところで、黄長燁は「朝鮮問題」と題する、北朝鮮を厳しく批判した、五百枚にもおよぶ論文を、持参した。北朝鮮の現実からして、党の最高幹部といえ、長い間かかって、書きとどめておくことは、危険であっただろう。よほど長い前から決意し、準備をしたようだ。

客観的にみて、国際社会のリーダーはアメリカであるのになぜ、アメリカに亡命しないで、韓国を選択したのだろうか。アメリカに亡命したほうが、もっと大きなこともできるし、自由でもあるはずだ。しかも、彼は外国語にも堪能である。

彼は、アメリカの一部と北朝鮮当局がひそかに癒着していることに疑いを持ち、はっきりと敵対しているのは、韓国だけであることを知ってからのことであろうか。

祖国の南半部の韓国的視点だけではなくて、もっと客観的に南北を俯瞰視できる第三国を選ばないで、韓国を選んだことに対して、韓国はとくに、彼を尊重すべきではなかろうか。それなのに、韓国には彼の勇気ある行動を「帰順（キスン）」などという人がいる。「帰順」とは、戦って破れた者が投降することを意味する。

北朝鮮の同胞が、金日成父子世襲独裁政権に反対して、韓国を頼ってくることを「帰順」といってよいだろうか。

私はそのような北朝鮮の同胞が喜んで韓国を訪ねてくるように「喜訪（ヒバン）」といったほうがいいと思う。

●まさかが起こった黄長燁書記亡命

一九四五年八月十五日、日本から解放された朝鮮は、ヤルタ会談の密約で、北緯三十八度線を境に、北をソ連軍政が、南をアメリカ軍政が分断支配した。

ソ連の傀儡（かいらい）である金日成は、いずれ主席の座を狙っていた。彼はスパイをアメリカ軍政の中に、潜入させると同時に、彼らを右翼に偽装させて、南の民族主義政権の中心部に潜り込む工作を、四五年十月頃からはじめ、四六年には続々と南派しはじめていた。金日成は彼のスパイを反共右翼、篤実なクリスチャンに偽装させたので、アメリカ軍政はすっかりだまされてしまった。現在、韓国で自称クリスチャンという者のなかには、金日成を支持する北朝鮮シンパが多いのは不思議なことではない。

北朝鮮は、何をするかわからないテロリスト国家だ。黄長燁らの亡命に絡んで、北朝鮮流の理論で「変節者」、「裏切り者」と断罪を下すまで、当初、韓国の拉致であるとして「報復」を宣言した。

そして、そのとおりのことが、黄亡命から三日後の二月十五日に起こった。

韓国に亡命した、金正日の先妻・成恵琳の姉である成恵琅の子息・李韓永が北朝鮮特殊工作員とみられる男たちに銃撃され死亡したのだ。李韓永は金正日の甥にあたる。この事件は、明らかに報復テロだ。ソウル市内でのことに、市民を震撼させた。

真実を語って一緒に闘ってほしい

黄長燁は家族を北に残してきたから、一日も気の休まる暇もないだろう。そして、いろいろ迷っていることだろう。

彼が、韓国民の信頼をうるには、今まで金日成に臣従してきたことを厳しく自己批判すると同時に、金父子の悪業を全世界に知らしめることではないかと思う。

そうすれば、私たちも彼と力を合わせて、金正日との闘いを有利に進めることも可能になるだろう。私たちは今さら、彼を恨むことはない。彼の優秀さも分かっている。ぜひ、真実を公表して、反金正日運動を一緒に推進できるようにしてもらいたいと思っている。

彼は、北朝鮮の指導思想である「主体(チュチェ)思想」の確立にかかわった中心的人物であり、最大のイデオローグである。

亡命するまでの黄長燁の北朝鮮での地位は、労働党中央委書記、最高人民会議外交委員会委員長、最高人民会議代議員、祖国平和統一委副委員長、朝鮮社会科学者協会委員長、哲学博士といかめしい肩書が並ぶ。朝鮮労働党中央委書記十一人のうちの一人(国際担当)であり、指導部序列二十六位の最高級幹部だ。

今、モスクワで、私たちの朝鮮民主統一救国戦線に協力してくれる人がいるが、彼の言によれば、黄とモスクワ大学で四年間、一緒に学んだという。彼の印象では、黄はたいへん研究熱心で、いつも一人、図書館にこもって勉強していたという。その反面、性格は学究者とは裏腹に出世欲が強く、人におもねたりするところがあったと、いっていた。

●まさかが起こった黄長燁書記亡命

黄長燁がモスクワから帰った五六年という年は、「主体思想」確立元年にあたっている。

もともと、「主体」という言葉は、金日成の〝特許〟ではない。序文でも触れた朝鮮共産党の草創期の大活動家であり、現在の朝鮮労働党のルーツである国内派の南朝鮮労働党の創始者・朴憲永（パクヘンヨン）と私たちが一九四六年に、「朝鮮革命の主体は、人民大衆である」といって、個人崇拝を戒めたことから始まる。

しかし、金日成は、五五年の十二月十五日に、朴憲永元副首相兼外相をアメリカのスパイだったとして死刑宣告。「主体思想」理論の本家本元を葬ってしまうと、数日後には、「思想活動において、教条主義と形式主義を一掃し、主体を確立するために」と題して、他人の理論を横取りして大演説をぶった。

それ以来、ウリ式（シク）（我々流）と北朝鮮ではよくいうが、勝手に自分流の「主体思想」の構築に入った。金日成は生前、さかんに「主体」という言葉を使った。しかも、自分の「主体思想」をマルクス・レーニン主義を超越した思想だと、胸を張って主張したものだった。

金日成は、国内派の代表・朴憲永を抹殺するまで、一度たりとも「主体」という言葉を口にすることはできなかった。しかも、金日成は朝鮮共産党を乗っ取るまでは、朴憲永の承認なしに何もできなかった男だ。

金日成のいう「主体」とは、粛清に名を借りた殺人のための「思想検討」である。この「思想検討」という熟語は、平壌で出版されている「現代朝鮮語辞典」のどこを探しても出てこない。

いかに虚構に虚構を、粛清に粛清を重ねた金日成でも、おそらくこの熟語の本質を明らかにすることをためらったのだろう。

「思想検討」が粛清であったことを証明する証言がある。

人民軍副総参謀長兼作戦局長を務め、後にソ連に亡命した、朝鮮民主統一救国戦線の盟友・兪成哲(ユソンチョル)に、金日成は、「思想検討は、勤労人民の間にまだ残っている敵対分子たちを鎮圧し、彼らを共産主義思想に武装させるためである」

と、語ったという。

個人の創造性を奪う〝主体〟の本質

「主体思想」の理想は高く、「人間が世界の主人」とする命題から出発している。その主眼は自主、自立、自衛の追求にあり、六六年の党機関紙論文「自主性を擁護しよう」で主体思想はさらに強化された。

「人間にとって自主性は生命です。人間が社会的に自主性を失うならば、人間とはいえず、動物と何ら変わることがありません」

きわめて鋭い指摘ではあるが、その「主体性」の本質は「首領様（スリヨンニム）」（金日成）への絶対忠誠に結論づけられ、「首領絶対化」という政策に帰着する。北朝鮮の今日の食糧・経済危機は、ここに原因がある。何よりも人々から創造性を奪ったことによる。

彼のための「主体思想」は「絶対忠誠」だけでは飽き足らず、個人崇拝から神格化へとエスカレート。同時に金正日を後継者とする世襲を決定し、「主体思想」を確立した。

七二年十二月に行われた、最高人民会議第五期一回会議で憲法が改正され、「朝鮮民主主義人民共和国は、人間中心の世界観であり、人民大衆の自主性の実現をめざす革命思想である主体思想をその活動の指導指針とする」と、第一章、政治の第三条に国家の指導思想であることを謳い、金日成の神格化と金正日への権力継承を憲法で思想的に正当化した。

この金日成・正日体制の支配的イデオロギー「主体思想」を構築、体系化した中心人物が黄長燁である。黄長燁は六五年から七二年までの八年間、金日成総合大学の総長を務めた。その期間に主体思想を完成させたという。

金日成の名前で発表される論文などの理論的なことはすべて、自分あるいは他の学者が書いたものを、金正日自身が書いたかのように発表する役目を担っていた。

差別を徹底させた「身分調査」

「主体思想」の強化とときを同じくして、北朝鮮全土で住民成分調査事業が実施された。北朝鮮は階級のない国と謳ってはいるが、実際は身分調査を行い、全国民を三階層五十一成分に分類しているのである。

三階層とは、核心階層、動揺階層、敵対階層のことである。

核心階層とは、北朝鮮の体制を固く支持する、まっ赤に主体思想に染まった、別名を〝トマト階層〟という。核心階層は、北朝鮮人民のおよそ三〇%といわれている。首都の平壌や大都市の住民のほとんどが、この階層に属し、就職や社会保障が保障され、食糧や住宅、衣類におよんで配給すべてに優遇されている。

敵対階層は、ことあらば、敵になる可能性が高いと見られている人たちである。

彼らは国家安全保衛部、社会安全部（警察）の厳しい監視下に置かれている。このような一般人民のほかに、山間僻地の居住制限地域に四〇〇万人以上が幽閉され、自給自足の生活を強いられている。

過酷な肉体労働と拷問に明け暮れる推定二十万人といわれる政治犯収容所の収容者もこ

の階層である。日本からの帰還者の大半も、この階層に入り、食糧の配給をはじめ、教育の機会にも恵まれず、兵役はおろか職業すべてに差別がつきまとう。日本人妻の大部分もこの階層で、彼女らはさらに差別され、日本からの送金、物資の援助がない者は、とくに悲惨だといわれている。

動揺階層は、状況によって、敵にも味方にもなる階層で、思想的には甘く、リンゴは皮こそ赤いが中身は白いことから〝リンゴ階層〟ともいわれ、核心と敵対の中間層を指す。

この住民成分調査は五八年十二月から、八〇年一月まで六回にわたって行われ、党が勝手に決めつけた危険とみられる該当者の三代にわたる家系を中心に、六親等以内の親族の出身、経歴を根こそぎ洗い、ふるいにかけた。

世界に類のない制度をつくったのだ。

このように、全国民を「主体思想」という名の恐怖政治で金日成神格化、世襲という権力父子継承を確立すると、さらに、徹底強化するために、金日成は七五年一月一日の新年の辞で、「全社会を主体思想一色化しよう」と、声高に強調した。

しかし、金日成とともに北朝鮮の社会主義建設にかかわってきた、革命第一世代のなかの良識派は、ますます高じる失政に、国を憂い厳しく批判した。

南日副首相、崔庸健副主席、崔賢国防相、金一副主席ら、党の中核をなす最高級幹部は、七六、八二、八四年と建白のたびごとに、翌日か数日以内に〝心臓麻痺〟で次々に消されていった。

金日成から悪魔の囁き（ささや）きを受けた、前出の兪成哲は、

「思想検討の嵐がはじめは民間人を襲い、次は軍隊と警備隊を、そして、党の中枢を襲った」

と、語っている。彼らの死が謀殺であったことは疑いようがない。

これが、「地上の楽園」という、世界で最も貧しく遅れた国、北朝鮮の「主体思想」の実態である。この「主体思想」を体系化するために、金日成は数十万人を政治犯収容所へ送り、四百万人以上を山間僻地の居住制限地域へ幽閉し、何百万人も粛清してきた。

●まさかが起こった黄長燁書記亡命

黄書記の陳述書を読む

その最大のイデオローグだった黄長燁が亡命したのである。彼が北京の韓国大使館に亡命したときの陳述書と、ソウルに到着したとの陳述書から、その心理を探ってみよう。

《私は五十年間、朝鮮労働党党員として誠実に働いてきた。それだけではなく、労働党と

その領導者の深い愛と配慮を受けてきた。

従って、労働党とその領導者たちに対しては感謝の気持があるだけで、僅かな意見の違いもない。

また、共和国（北朝鮮）は今、若干の経済難に直面しているというが、政治的によく団結しているため崩壊する危険性はないと考える。

こうした条件で、私がすべてを捨て、南（韓国）へ行こうと決意したことが分かれば、私の家族をはじめ、皆は私が狂ったと評価するだろう。私自身、自分が狂ったと考えることが少なくない。

しかし、私だけが狂っているのだろうか。民族が分裂して半世紀を超えるが、祖国を統一すると叫びながら、互いを敵と見做し、揚げ句の果ては、相手側を火の海にすると騒いでいるのを、どうして正常な精神を持った人たちの行動と見ることができるだろうか。

また、労働者、農民たちが飢えているのに、労働者、農民のための理想社会を建設したと騒いでいる人たちをどうして、まともな精神の持ち主とみることができようか。

一方、民族の少なからぬ部分が飢えているのに、これには互いに関心もなく、デモだけをしている人たちの考えも私としては理解し難い。

悩みに悩んだ末、結局、わが民族を不幸から救い出すための問題をより広い範囲で協議したいという心情から北を離れ、南の人士たちと協議してみようと決心した。

私は、自分の運命については時代の流れに任せ、私の行動の評価は歴史にゆだねようと思う。（後略）

——北京で》

《（前略）五千年という悠久の歴史を持つわが民族は、すでに半世紀以上も分裂の苦痛に喘（あえ）いでいます。このような状況において、私の暮らしのより所であった北朝鮮は、多くの矛盾と問題点を抱えており、すでに希望を失って久しくなりました。正しい考えを持つ者はそれを表現するすべもなく、むしろ牽制（けんせい）と監視のなかでまともに息をすることもできない立場にいたっています。

北朝鮮は社会主義とは裏腹の封建主義、軍国主義が入りまじったいびつな体制に変質されてしまい、経済は全般的に麻痺（まひ）状態に陥っています。人民たちは飢餓に喘いでおり、北朝鮮当局はとうとう国際社会に救援を求めるしかなくなりました。社会主義、地上の楽園を建設したと大言壮語した国が物乞いする国に転落してしまいました。

このような事態は北朝鮮政権の間違った政策がもたらした結果です。北朝鮮は、改革解放を非社会主義の道だと強く排撃しており、南朝鮮（韓国）との対話を拒否したまま、力の対立だけを追求しています。

今日の南北朝鮮の対立は、社会主義と資本主義間の対立ではなく、封建独裁と自由民主主義の対立であり、戦争と平和の対立であると見ることができます。

北朝鮮当局は、南北間の対立を社会主義と資本主義の対立と規定し、韓国を階級の敵と見做し、南朝鮮解放の旗印の下に武力統一方針を正当化しようと総力を傾けています。

北朝鮮当局が人民たちを飢餓状態に置きながらも改革解放をあくまでも拒否し、引き続き戦争準備に没頭している意図がどこにあるかは明白です。いまや北朝鮮は数十年間全力を挙げて育てた莫大な武力を使用する道しかないと見ているようです。

この作られた厳しい状態を前に、数十年間信任を受けてきた北朝鮮当局の高位幹部として、内外の多くの友人を持つ学者として、愛する家族と多くの親友を持つ人間として、思いはとめどなく複雑で、苦悩は比べることもできないほど深刻でした。

しかし、すべての慈しみ、愛するものをみな合わせても、七千万のわが民族の生死運命と取り替えることはできないという良心の命令に背くことはできませんでした。出口はただ、南側の兄弟たちと手を握り、戦争を防ぐ道しかないと確信するようになり、大韓民国に来るに至りました。（後略）

――ソウルで》

平壌を出発してから、主体思想セミナーに出席するため、東京に十三日間滞在し、帰国の途中に北京で亡命申請し、マニラを経て、六十八日目にソウルへ入った。

陳述書は翻訳にもよるが、北京のときの陳述書より、ソウル到着時の文章は、動揺もとれ、短い中にもいわんとすることがきちんと入り、丁寧で冷静さを取り戻している。

黄長燁は亡命の最大の理由を、「民族の不幸を救うため」と、そして、それの実現に向けて「南の人々と協議したい」としている。

●まさかが起こった黄長燁書記亡命

黄長燁の亡命は、一年前から準備されていたという。

先にも述べたが、黄は、この亡命に介在した李淵吉氏に、自分の亡命の正当性と身の潔白の証しともいえる、「朝鮮問題」と題する、五百枚にもおよぶ論文を手渡している。

日本で亡命する計画もあったという。ところが、黄長燁が大物であるがゆえに、朝鮮総連の過剰な警護が災いして、機会を逃がしたともいわれている。

黄長燁は北朝鮮にいれば、飢餓と貧困と弾圧にあえぐ人民をよそに、書記と崇められ、なんの不自由もなく暮らせたはずである。彼は亡命の動機を民族の大義に置き替えて、自分の亡命の正当性を陳述書に表明しているが、よほどの恐怖もあったと思われる。

また、黄長燁は陳述書のなかで、「政治的にはよく団結しているため崩壊する危険性はないと考える」と記しているが、家族や親戚に危害がおよぶのを恐れたリップサービスともとれる。

すでに述べたように北朝鮮が崩壊した場合、金日成・正日一族はむろんのこと、高位級幹部も、ルーマニアのチャウシェスクのように、蜂起した市民の手によって、処刑されるということを、黄長燁は想起したのではないだろうか。

また、先見性のあるインテリの黄長燁は、当然、未来のない北朝鮮に見切りをつけてはいただろう。

エジプト大使の亡命は五六年の再現

北朝鮮の末期的症状を知っている高級幹部に海外亡命の気運が密かに高まっているという。

その一つの表れが、高級幹部の子息の海外赴任である。彼らの子息たちは海外にある北朝鮮の経済関係団体や貿易会社に潜り込んで、亡命の準備をしている。高級幹部らのドル集めは有名だが、彼らは数十万から一〇〇万ドル単位の金を、その日のために備えて隠し持っているといわれている。

一般国民からみれば、一生見ることもままならない夢のような生活を平壌で送っている高級幹部らは、金正日に忠誠を誓い、高く奉じているふりをしていても、その実、北朝鮮の政権が崩壊することを読んでいるのだ。

今、高級幹部らはジレンマに陥っている。政権の延命と脱出（亡命）の。とりわけ、海外に赴任している連中は機をみるに敏である。もし、政権が崩壊すれば、彼ら国内の高級幹部は、人民の怒りの報復を受けるだろう。

金正日の脳裏には、チャウシエスク夫妻の処刑の場面が、鮮明に残っているはずだ。だから、金日成は息子の金正日に軍権を渡して、軍の掌握に躍起になった。金正日は軍のトップに就いたが、軍事にうとい彼は、恐怖のあまりひたすら虐殺と無謀な行動に走っているのだ。

●エジプト大使の亡命は五六年の再現

九七年八月、北朝鮮の張承吉(チャンスンギル)駐エジプト大使夫妻と、張大使の実兄で、駐パリ北朝鮮総代表部の参事官兼貿易代表部代表の張承浩(チャンスンホ)とその一家がアメリカへ亡命した。

大使の亡命第一号は私たちの仲間だった

この亡命事件、アメリカのCIA（アメリカ中央情報局）が関与したとか取り沙汰され論議を呼んだ。日本のマスコミは〝初めて北朝鮮の現職大使が亡命〟とあたかも現職大使の亡命大使第一号であるかのように報道したが、第一号は李相朝(リサンジョ)駐ソ大使だ。彼は、一九五六年、現職大使として初めてソ連に亡命した（読売新聞だけは八月二十八日付朝刊で五七年に亡命と書いていたが）。無理もないだろう。李相朝の亡命は当時、平壌の最高幹部だけが知っているだけで、これまで北朝鮮としては、一度も発表したことがないのだ。そのうえ、四十一年ぶりのことであるから……。いずれにしても、これまで現職大使の亡命は北朝鮮以外、世界に例がない。

北朝鮮は今、まるで、李相朝の亡命した一九五六年を再現しているかのようだ。朝鮮戦争を除けば、四十一年をそのままタイムスリップして、権力闘争を描いている。

釜山近郊の東萊(トンネ)生まれの李相朝は、十四歳で満洲に移住、中共傘下の朝鮮独立同盟に入り、朝鮮が日本から解放された四五年当時は、ハルピンで地下工作をしていた。李相朝は中国の延安派で北朝鮮政権創成期は、延安派は金日成に追随しており、二人は意見が合った。当時、労働党の幹部部長を務め、朝鮮戦争時は人民軍副総参謀長・偵察局長で中将の地位にあり、休戦会談では北朝鮮側代表団の中枢であった。

当時の歴史を振り返ると、長くなるので、ある一日だけを紹介しておこう。

一九五六年八月三十日、中国人民志願軍と共謀した金日成は、自分に反対する李相朝をはじめとする延安派やソ連派と呼ばれた将領を一挙に逮捕する手はずを決めて、金日成の東欧帰国報告という名目で、八月中央委員会を開いた。会議は大荒れに荒れ大混乱したことはいうまでもない。

一九四八年九月九日に樹立された朝鮮民主主義人民共和国は、五六年八月中央委員会で滅亡したといえよう。なぜなら、創建当時の内閣を構成していた閣僚級幹部二十二人のうち五分の四にあたる十七人が金日成の手によって死刑、虐殺、暗殺されたからである。しかも、誰一人、公開裁判とか法的手続きを経ないで殺されたのである。

●エジプト大使の亡命は五六年の再現

八月中央委員会事件で、ソ連派の犠牲者が延安派より少なかったのは、フルシチョフのソ連という背景があったからである。延安派のうち李相朝は駐ソ大使であったのでソ連に亡命し、徐輝（ソヒ）、尹公欽（ユンコンホム）、金剛（クムガン）などは中国に逃れたが、三十余人に達する延安派将星たちは、一人残らず粛清されてしまった。ところで、李相朝は私の敬愛する同志だったが、祖国の土を踏まぬまま、九五年十二月に逝ってしまった。

人口の三割が生き残ればいい

五六年以後、金日成の粛清という名の虐殺は高まる一方であった。五六年の八月中央委員会は、いい換えれば「金日成王朝」の始まりであった。そして、自分の息子・金正日を次の暴君として、世襲させる道を開いたのである。

今、北朝鮮では金正日を戴く第二期金王朝時代が始まろうとしている。親孝行息子・金正日の三年の喪は、実は二〇〇万人の粛清であった。父なる金日成と同じ道を歩んでいる。金正日は、政治も経済も失敗し、飢餓が蔓延するなか、平然と、「人口の三割が生き残れば国家は再建し勝利できる」と発言したと、香港の英字紙、サウスチャイナ・モーニング・ポストは伝えている。三割というのは核心階層という特権階級のことをいったつもりなのだろうが、特権階級にいても、いつ七割の犠牲者の仲間入りをするか分かったものではない。

「船が沈む前にネズミは逃げる」といわれるように、動物は天災地変を感じると、事前に群をなしてその棲息地から姿を消すといわれている。近年、北朝鮮から脱出者（亡命者）が年を追うごとに増加している。同時に特権階級に属する人士の亡命が目立つ。九一年五月に駐コンゴ大使館参事官の高英煥（コヨンファン）の韓国亡命を皮切りに、九四年五月には姜成山（カンソンサン）首相の女婿の康明道（カンミョンド）が滞在先の中国から韓国に亡命。九五年十二月、イギリス駐在の商社代表の崔（チェ）セウン一家が韓国に亡命。九六年に入り一月に、金正日の先妻である成恵琳（ソンヘリム）が病気療養で滞在中のモスクワから、実姉の成恵琅（ソンヘラン）とその娘とともに第三国に亡命したという報道が流れた。成恵琅らは、今、アメリカに身の安全を託している。さらに同時期、駐ザンビア大使館に勤務する外交官の玄（ヒョン）ソンイル、崔（チェ）スボン夫妻と、それを追跡するはずの工作員・車成根（チャソングン）が韓国に亡命した。

●エジプト大使の亡命は五六年の再現

九七年は労働党書記の黄長燁が中国で韓国に亡命を申請。フィリピン経由で四月に韓国に入った。八月になって、張承吉駐エジプト大使夫妻と実兄の張承浩駐フランス総代表部参事官兼貿易代表部代表の一家がアメリカへ亡命した。

黄長燁にしろ張承吉にしても、金正日の側近中の側近であっただけに、北朝鮮は狼狽し、金正日は激怒したという。そして、衝撃は世界を駆けめぐった。

一九四八年に平壌で生まれた張承吉は、朝鮮戦争で父親を失った、いわゆる「革命遺児」である。三階層五十一成分では、第十番目に数えられる戦死者家族で核心階層に入る。金日成総合大学（一説には平壌外国語大学のアラビア語学科を首席で卒業したともいわれている）を七六年に卒業し、外交部（外務省）入りするや、九二年には四十代の若さで外交部の副部長に就任。このスピード出世の裏には、本人の努力はもちろんのことだが、七八年に金正日の寵愛を受けた人民俳優称号を持つトップスター、崔ヘオクと結婚したからだという説もある。

北朝鮮では駐エジプト大使の座は、中国やロシアに勝るとも劣らぬ枢要なポストである。北朝鮮とエジプトの関係は、一九七三年十月の第四次中東戦争が起きたとき、北朝鮮の戦闘機パイロットがミグ戦闘機をもって参戦したときからといわれている。この軍事支援を機に、ムバラク大統領は北朝鮮に感謝するとともに、金日成と親密な関係を結んだ。一方、北朝鮮は一九八一年、エジプトとミサイル開発協定を結んだ。現在、北朝鮮が保有する、射程五百キロ、弾頭重量七百キロといわれるスカッドCミサイル「ノドン1号」は、当時、エジプトが保有していたソ連製スカッドミサイルを北朝鮮に横流しした結果の産物である。

北朝鮮にとってエジプトは生命線ともいえる重要な国である。

九四年七月、金日成の死の直後、張承吉は四十五歳の若さでエジプト大使に就任した。しかし、期待とは裏腹に張承吉の歩みは平坦ではなかった。赴任から亡命までの三年間は、張承吉と崔ヘオクは北朝鮮の苦難の行軍と同じく苦難の連続であった。

エジプト大使に赴任した九四年七月、死亡した金日成の署名入りの信任状の受け取りをエジプト政府に留保され、承認を得られないなど、当初からトラブルに見舞われた。翌九五年には、張承吉の必死の制止と北朝鮮の強い抵抗にもかかわらず、エジプト政府は経済再建を優先して韓国と国交正常化をし、金正日を激怒させた。また、かねてから素行に問題があったといわれる息子のチョルミンが、九六年、一九歳のときにカイロから失踪したため、本国から疑いの眼を向けられるなど、家族問題にも頭を悩めていた。

北の外交官は国を代表する闇商人

加えて、北朝鮮の経済が破綻状態にあるため、各在外公館は自給自足態勢をとるよう本国からの厳しい命令に、麻薬取引やニセドルの使用とマネーロンダリング、売春の斡旋や密輸など、国家ぐるみの犯罪に走る以外に大使館を維持できなくなっている。また、武器輸出が伸びず、ジリ貧状態で財政収入が芳しくない。

北朝鮮では外交官に課せられた商売を「ポッタリ・チャンサ」(担ぎ屋、闇屋)という。北朝鮮の外交官は外交官にあらず、国家を代表する闇商人である。

張承吉は無法を強いる金正日の軍事独裁体制や、荒廃の一途をたどる国土と民心を嘆き、破滅寸前の政治、経済、社会状況に絶望したに違いない。張承吉は三年間の任期が切れる九七年九月をもって帰国することになっていたというが、更迭だともいう。北朝鮮の現実から、帰国すれば厳罰という名の粛清が待っている。特権階級に属する張承吉が、亡命の決断をした原因として、外交上の失敗による責任追及への不安、家族問題、自分および家族、そして祖国の将来に対する不安などいろいろな要素が絡み合っている。

張承吉の亡命は、黄長燁の場合とは異なり、金正日の側近としてミサイル輸出など、重要な実務に関わってきただけに、北朝鮮の狼狽ぶりと反応は激しかった。黄長燁の場合は、中国が絡んでいたこともあり、また、過去の世代に属する人物だったから、表面的には「変節者は去れ」くらいの罵声で、北朝鮮の行動に大きな変化はなかった。ところが、張承吉の場合は、国務省を通じて亡命の正式発表が行なわれた翌日に予定されていた「米朝ミサイル協議」を欠席。九月十五日に設定されていた四者協議の予備会談もすべてキャンセル、「張大使は北朝鮮の国家財産を横領した重大犯罪者である」と、アメリカ政府に身柄の引き渡しを激しく迫った。北朝鮮は外交官らの亡命者には、誰でも公金横領という罪をつける癖がある。大物の死には心臓麻痺というように。さすがにこれまで弱腰だったクリントン大統領も、アメリカが介在しているだけに、今度ばかりは意外なほど強気に出て、北朝鮮の要求を断固として拒否した。

これまで北朝鮮から韓国への亡命者の数は、およそ八百人にのぼる。アメリカへ亡命した張承吉しかり、黄長燁ら高級幹部、外交官の亡命は今後、増え続けるのだろうか。北朝鮮国内では、党幹部に対する監視は一般住民より厳しい。電話はもちろんのこと、盗聴器をつけられ、一挙手一投足まで監視されている。党の高級幹部の生活は、ある意味では軍隊よりも厳しく、常に自己批判がつきまとう。監視、盗聴、粛清という恐怖に怯えながら、金正日に対する忠誠心を競っている。黄長燁は政権内部に穏健派や強硬派といった概念すらないといったが、満を持して面従腹背しているだけで、反金正日派は厳然として存在する。彼ら高級幹部は監視も厳しいが、亡命の機会も少なくない。ただし、北朝鮮を改革、開放するという意味では、国内に残って闘ってもらいたい。

●エジプト大使の亡命は五六年の再現

海外にいる外交官や貿易会社の派遣員らは、相互監視制度が厳しく、単独行動は大使といえど容易ではない。しかし、国内にいるよりは遙かに自由がある。アメリカに亡命した張承吉のようにアメリカや韓国の諜報機関と関係を結ぶことも可能で、すでに彼らと関係を持っているものは少なくないと思われる。金正日は、「外国にいる奴や、外国から戻ってくる奴は皆スパイと見なして徹底的に調査しろ」という指令を出している。金正日は、これまで海外留学組や外交官から多数の亡命者が出ていることに対して、すっかり疑心暗鬼に陥っているという。この指令に、海外で外貨獲得のために犯罪にまで手を伸ばしてコキ使われている外交官たちは、悲惨な運命を嘆いている。大使クラスの平均給料が三〇〇ドル台で、しかも、それも払わず、犯罪ビジネスで自給自足を強いているうえ、精誠金という名目の上納金を国家に収めることを義務づけている。外交官の外交特権を悪用した、犯罪ビジネスによる収入を国家予算に計上する国など、北朝鮮を除いて世界中にない。

国家の顔である大使さえ、満足に食べられないどころか、犯罪を強要されるような北朝鮮の外交官や海外派遣員らが、世界と比較して祖国の現実と将来に悲観して見切りをつけても不思議はない。今後、彼らは雪崩をうって亡命するかもしれない。金正日自身も、スイスやオーストリアの銀行に十億ドルとも二十億ドルともいわれる秘密資金を確保しているといわれている。彼ですら身に危険を察知したら亡命しようとしているのだ。

第三章 私たちはなぜ北の情報を持っているのか

1997年10月17日、東京で行われた大会で「救国戦線」の旗を掲げる筆者

北朝鮮情報の正しい読み方

一般的にいえば、北朝鮮が公式に流す情報というのは「宣伝ビラ」と考えれば間違いない。

そこのところを、日本のマスメディアの北朝鮮ウォッチャーたちは、よく分かっていないと思う。彼らは、だいたい七〇年代以降に観測、分析を始めた人で、より深く、人脈や歴史的背景を把握しないと正確な情報分析はできないだろう。

北朝鮮の情報部のやり方は、例えば、アメリカ在住の朝鮮人の牧師や宗教人が、北朝鮮に行ったとき、あるいは、中国に住んでいる朝鮮族の幹部が行ったとき、北朝鮮のつごうのいい情報を流す、情報操作である。

北に招待された人は、北の幹部が説明したとおりのことを、鬼の首でもとったように極秘情報として流す。それが、あたかも真実であるかのように——。そういった情報は、それなりの意図があって流しているわけで、それに惑わされているのは、やはり、固定スパイを持たない韓国、日本、アメリカだろう。

そもそも、北に入れる人というのは二重性を持っている。北には招待されない人は誰も入れない。招待するからには、向こうに親近感を持っているか、利益があるという人に限られる。向こうから、どうぞ来てくださいと、招待される人というのは、基本的には上部とのつながりがあるわけである。

たいがいの国は、そういう人たちを利用して情報をとったり、流したりしている。だから、結局、二重スパイということになる。それで、二重スパイとなると、向こうの悪いこと、こっちの本当のことをいってしまえば、再び行き来できなくなってしまう。

そこで、向こうで誰々に会ったら、こういうことをいっていたと、公式的に聞いた話だけを流さざるをえない。北朝鮮がいうとおりに、アメリカがいうとおりに。私たちは、そういう情報は相手にしていない。私が見れば、これは向こうで意図的に流す情報だとすぐ分かる。国家のスポークスマンが正式に発表する情報など、ほとんどない。

金日成が亡くなったとか、何月何日に何をやるとか、それだけである。

ちなみに、新聞の北朝鮮情報を注意深く見てみると、北京で誰がこういっていたという書き方やアメリカにいるジャーナリストが、誰々に会ったら、こういったとか、こういっている人がいるという形式ばかりなのがよく分かる。正式に発表されたものは何もないに等しく、信頼性は非常に低い。

北朝鮮の高官は、自分勝手に意見などいえるわけはなく、いつでも最高権力者の承認を得て、「今度、こういう人が来るから、こういうことをいいなさい」と決められたことだけをいっているにすぎない。

例えば、金正日は、金日成の跡を継いでいないのに、実際は、権力を握っているのだと……すべて指令が出て、その指令に従って話しているのだ。

ところで、今、日本の国家機関で、北朝鮮を分析している人たちは、誰も「労働新聞」を読むし、北朝鮮の放送を聞いている。そうすると、新聞も放送もすべて、金正日、金正日となっている。そこで、すでに金正日政権が安定していると分析してしまう。実際、そんなことはなかったのにである。

私たちは、新聞、重要な論説を読んで、一字一字を全部点検していく。

例えば、日本では、専門家でも、党と〝党中央〟を区別できていない。金正日が盛んなときは、金正日を〝党中央〟といっていた。一時〝党中央〟は金正日の代名詞だったのだ。

ところが、党権を停止されてからは、〝党中央〟という言葉は絶対使っていない。それひとつとってみても、金正日は党との関係はないと分かるわけだ。それなのに、新聞をはじめとする日本のマスコミはずっと金正日書記と書き続けてきた。

これだけで、日本の新聞も世論も、現状を把握していないことが、よく分かる。非常に無神経といわざるをえない。

党の書記というのは、いかに重要であるか、北朝鮮では、党の肩書がすべてであるということをまったく理解していないというのが、日本のマスコミの実情といえるだろう。

もちろん、北朝鮮で、実際に生活して、そこの人脈ややり方を理解していない外部の人たちが知らないのは、無理もないといえるかもしれない。

私たちは、昔から、こういう人脈でこういうやり方だというのが分かっているから、この情報はどのへんから出て、どういう意味なのかが分析できるのだ。

救国戦線はこうして作られた

北朝鮮の亡命者たちで組織された『朝鮮民主統一救国戦線』は、一九九二年一月二十八日、二十九日の両日、ロシアのモスクワ会議で旗揚げし、創立宣言を発表した。その最終的な活動目標は、北朝鮮の世襲、軍事、封建独裁体制を清算し、平壌を無血解放することである。そして、飢餓と弾圧と貧困に喘(あえ)ぎ、自由を奪われ、虐待と虐殺に戦(おのの)く二千万人の同胞を救うために、鎖国を解き、自由民主体制を確立することである。

朝鮮民主統一救国戦線は政治的秩序を保ちながら国を再建できる唯一の受け皿となりうる組織であると自負している。今は発表することはできないが、そのときに備えて、すでにシャドー・キャビネット（影の内閣）も、新憲法も準備ずみである。

しかし、アメリカ政府は、私たちの存在や活動の実態を調査しようともせず、現体制の延命につながるソフト・ランディング（軟着陸）に走っている。北朝鮮の暴走を恐れてのことだろうが、要するに、金正日政権崩壊後の受け皿がないと考えているようだ。しかしながら、朝鮮民主統一救国戦線がいる。その用意も万端だ。

朝鮮民主統一救国戦線の本部はモスクワにあるが、常任議長である私が東京を本拠地にしていることから、東京も一方のヘッドクォーターといえる。

このほか、中国、アメリカ、ヨーロッパなど、世界中に拠点がある。これは一つの亡命政権といってもいいくらいなのだ。

とくにヨーロッパ支部は、九六年五月、ミュンヘンで設立された。

ドイツは安全とはいえ、北朝鮮の党、政府、工作員が自由に出入りし、数多く活動しているところだ。まさか、ドイツ国籍を持つ亡命者に危害を加えることはないだろうが、北朝鮮のことだから何をするか分からない。

ドイツに在住する亡命者は、現在、十六名おり、彼らは一九五二年から五三年にかけて、北朝鮮から旧東ドイツのドレスデン工科大学に留学した優秀な人材である。彼らは、北朝鮮に反逆したわけではないが、五九年から六〇年にかけ、自由と新天地を求めて、また、身の安全を確保するため、ドイツ人女性と結婚して、西ドイツに亡命した。その頃、西ドイツ政府は、労働力不足を補うため、ある時期、大量の外国人労働者を認めた。韓国からも炭鉱労働者、看護婦を募集した。亡命者らは一部を除いて、やはり同じ民族の女性を求めた。

彼らは原子力関係や科学技術の専門家で、ほとんどの人が博士号を持っている。亡命後は深い知識と高い技術を買われ、西ドイツでも有数の企業や研究所に就職。現在、六十歳から六五歳になる彼らは、ドイツ国内で、立派な家を持ち、ベンツを乗り回し、優雅なリタイア生活を送っている。

しかし、どんなに恵まれた幸せな余生を過ごしていても、年をとると望郷の思いは、日毎に募るものである。今、彼らは「愛郷会」という会を組織して、故郷の山河に思いを馳せながら、帰る日を待ちわびている。

とはいえ、優秀な学者である彼らには、北朝鮮から、一時帰国の誘いがこれまで幾度もあった。そのたびに、行こうか行くまいか、心は揺れに揺れたという。

そのような折、朝鮮民主統一救国戦線が九二年の創立以来、開催している「北朝鮮の民主化と人権回復」の国際大会（一九九五年十一月、東京）のニュースが、時事通信を通して、ドイツの新聞にも配信された。

ドイツは北朝鮮のニュースに敏感である。朝鮮民主統一救国戦線の動きは、テレビや新聞、雑誌を通じて、彼ら亡命者はすでに知っていた。

東京大会をきっかけに、私のもとにドイツから連絡が入るようになり、九六年七月、彼らの要請に応えてドイツに赴いた。

私は北朝鮮で金日成の手によって粛清を受け、山中に監禁されるまでは朝鮮労働党の文化宣伝省ヨーロッパ部長を務めていたが、ドイツの地を踏むのは初めてだった。

まずは、ミュンヘンから入ることにした。ミュンヘン空港の雑踏のなかで、北朝鮮を出て四五年もたち、ヨーロッパナイズされた彼らを見つけられるだろうか。そして、その前に、北朝鮮の工作員の手が私を襲うのでは……。

祖国の開放民主化に生命を捧げているとはいえ、犬死だけはしたくなかった。彼ら亡命者に会うまでの短い時間、緊張と不安に襲われた。

杞憂(きゆう)だった。まったくの初対面であるにもかかわらず、同じ民族であり、志を同じくする者、以心伝心、互いの目と目が引きつけられ、言葉を交わすより先に肩に手をまわし抱き合った。

●救国戦線はこうして作られた

彼ら亡命者たちとは、一カ所で、一同に集まることは、安全性を考慮して避けた。ミュンヘンを皮切りに、ベルリン、ボン、フランクフルトと、場所を移しながら、少人数のグループで会談した。彼らは、私たち朝鮮民主統一救国戦線を構成する幹部の錚々たる名に驚くとともに、設立とその主旨に深く賛同した。そして、祖国を開放し、民主主義国家を建設するために、一緒に闘うことを約束してくれた。

彼らは、自然科学と工学の学者であり、これまで政治や経済に関わることはなかった。しかし、国力の第一は人材である。科学、工業技術部門で、世界水準からはるかに劣る北朝鮮が、新国家を建設するにあたって、彼らは欠くことのできない人材である。彼らも、また、祖国の土を踏めることに夢を馳せ、次なる人生に燃えている。

こうして、ドイツにヨーロッパ支部を設立することができた。しかし、今は、申東三を除いて、彼らの名を発表することはできない。北朝鮮に残る、彼らの親族に粛清の報復があるからだ。

私たちの存在と活動が、世界中にいる北朝鮮の亡命者に、どんどん知れわたり理解が深まることに、改めて開放民主化、即ち新政権の誕生の遠からぬことを確信すると同時に、責任を痛感した。

安全なモスクワが活動の拠点

創立宣言をした、朝鮮民主統一救国戦線誕生の地であるモスクワには、看板を正式に出している。

現在、朝鮮民主統一救国戦線には、世界各国に匿秘メンバーを合わせて、およそ四百人強が参加している。韓国内にも、正規の会員ではないが、私たちを支持する支援者が大ぜいいる。職業は多種多様だが、いわゆる財閥系の大企業人は一人もいない。韓国の財閥企業人の一部には、二千万の北朝鮮の同胞の苦痛には目も向けず、金日成残党らと手を結び、金儲けばかり考えている人もいるからである。国民を苦しめ抜いた金日成政権に、これまで莫大な資金を貢いだ人物の名もすでに調査ずみである。それらの人物の名は、いずれかの機会に公表されることになるだろう。

●救国戦線はこうして作られた

現在、朝鮮民主統一救国戦線の活動の中心はモスクワである。私がモスクワを訪れると、マスコミ、とりわけ有力誌紙の「イズベスチヤ」をはじめ、「アガヨーク」や「ノーバヤ・ブレーミヤ」誌などがこぞってインタビューを申し入れ、私たちの立場をロシア国民に報道してくれる。

ロシアに比べると、中国は北朝鮮のテロリストや工作員が動き回っていて、韓国人の牧師までもが拉致されるようなところなので、朝鮮民主統一救国戦線にとっては、危険きわまりない地である。

私は、これまで数回、中国朝鮮族と称する得体の知れない人物から、中国政府の招請状を取り付けるから中国に来てほしい旨の誘いを受けたことがある。ところが、いつも時間がたつと、招請状の話は消え、「私を信じてくれ、政府のしかるべき立場の人が待っているから、とにかく行きましょう」という。もちろん、私を拉致するのが目的だから、そんな見え透いた話にはのらないが、中国といわず、私のまわりには、危険が一杯である。

話を戻そう。近年、北朝鮮から多くの脱出者が出ている。彼らは体制に悲観して、そして、体制に反旗をあげて韓国に亡命したり、中国に無国籍者として地下に潜っている。表に現れない潜在的体制批判者の数は想像するより多く、しかも、増加している。

現在、中国のハルピンには「チンダルレ会」という北朝鮮から脱出した人たちの秘密組織がある。リーダーの名や人数は不明だが、確かに存在する。しかし、残念ながら、彼らは脱出者であって亡命者ではないから、公に行動はできない。いずれ機会がくれば、私たち救国戦線と行動をともにする日もくるだろう。北京の「北朝鮮の人民たちの生存と民主のための脱北者連合戦線」とは連携できているが、連帯して行動を起こすには、まだ、時期尚早といわざるをえない。

とはいえ、これまで中国は救国戦線にとって危険な地であったが、今後はよくなるだろう。

ゴルバチョフの改革が契機になった

活動の中心であるロシアは、北朝鮮からの工作員やテロリストを黙認せず、国内での不法行為を絶対に許さない。民族の正義と国際友好のために活動している私たち救国戦線の活動に対して、中国は、ロシアに準ずる理解を示してほしいものである。

日本についていえば、日本には北朝鮮の利益代表部の役を担う、朝鮮総連があり、また、北朝鮮の工作員が数知れず非合法活動をしている。私個人は、何度か命を狙われたり、身の危険を感じたこともあるが、それでも他の国から見れば安全といえる。ただし、旧共産圏にいるメンバーに対して、ビザの発給をしぶる傾向があるように思える。一九九五年の東京大会のとき、ビザの取得で苦労した経験がある。ウズベキスタン共和国からの代表団は、ビザの問題でついに参加できなかった。このような事情から、会議はもっぱらモスクワで行っている。

知っている人には、旧聞に属することになるが、私のことをはじめて知った人のために、ここで、朝鮮民主統一救国戦線を創立するまでの経緯にふれておこう。

一九八五年にソ連ではゴルバチョフが登場し、ペレストロイカとグラスノスチが始まった。私は、「ソ連に亡命している反金日成派の人々を結集して、北朝鮮にもゴルバチョフの開放の風を吹き込むことが可能ではないか」と考えた。これが契機である。

それまで私は、一九五三年から政府転覆容疑で、金日成の手によって三年間、山中に監禁され死を覚悟していたが、序文でも述べたフルシチョフのスターリン批判により北朝鮮にも動揺が起こり、その〝おかげ〟で釈放された。しかし、釈放は一時的措置にすぎない。危険は再び私を襲ってくるに違いないと考え、北朝鮮を脱出。中国―香港を経て一九五七年に日本に入った。以来、金日成打倒、北朝鮮の開放民主化にすべてをかけ一人で闘ってきた。モスクワには亡命した多くの同胞がいることを知っていたが、閉ざされたソ連では連絡をしたくてもできなかった。ところが、ゴルバチョフによるペレストロイカによって、朝鮮戦争の休戦協定に北朝鮮代表団の一人として立ち会った元北朝鮮人民軍中将・李相朝（リサンジョ）と連絡をとることができた。

彼は、モスクワ駐在北朝鮮大使の肩書のまま一九五六年ソ連に亡命していた。彼と会うことができたのは、一九八九年六月のことである。

李相朝は中国の延安派で、私は国内派（南労党）だったので、亡命以前はあまり意見が合わなかった。しかし、互いに祖国を思う心はひとつ、しかも〝亡命〟の身でもあったせいか、昔を偲ぶ時間も惜しんで、あらためて建国の理想を語り合い、私たちはすぐに意気投合した。ソ連でペレストロイカが進む状況のなかで、私たちも北朝鮮で開放推進委員会をつくるべきだということで意見が一致した。このときの李相朝との話し合いが、朝鮮民主統一救国戦線を結成するきっかけであった。

それから私は一九九〇年から九一年にかけて、南労党（国内派）と関係の深いソ連派の朴秉律（元・江東政治学院長、少将）をはじめ、金日成の粛清の内実を暴いた『北朝鮮王朝成立秘史』の著者である林隠こと許真を東京に呼んで、李相朝と相談した北朝鮮開放推進委員会を、どういう形でつくるかについて討議した。

一九九一年、七十二年間にわたりソ連に君臨したソ連共産党が解体した結果、ようやく私は九二年一月にソ連に行くことができた。モスクワ空港に着くと、大ぜいの同志たちが出迎えにきていた。彼らは、かつて北朝鮮で党の高位級幹部を務め、政府でも高い地位にあっただけに、年を重ねていてもかくしゃくとしていた。

朴秉律のアパートで彼らと意見を交わすうちに、会議は、「モスクワで、朝鮮臨時政府を樹立しよう」という話にまで発展したが、私は慎重論を唱えた。

「いや、現時点で臨時政府は早すぎる。そもそも亡命者である私たちには、今そんな力はない。まず組織を固めることが先決だ。そして、私たちの立場を周辺国である中国、ロシア、日本、アメリカに理解させてからだ」と。

こうして、解放組織の土台づくりが始まったのである。

一九九二年一月二十八、二十九日の二日間、モスクワで創立大会を開き、討議の結果、「朝鮮民主統一救国戦線」という名の、北朝鮮民主化の解放組織を結成することが満場一致で決定されたのである。執行部の選出にあたっては李相朝と私、そして、中国にいる徐(ソ)輝(ヒ)（元北朝鮮職業総同盟＝労働組合総同盟＝委員長）の三人が議長団に選出され、私が常任議長を務めることになった。

会議では、次の「創立宣言」が採択された。

〈朝鮮民主統一救国戦線創立宣言〉

国の内外で祖国独立のために活動してきた私たちは、一九四八年九月、朝鮮民主主義人民共和国の創建に参加した。私たちは人民大衆の幸福を念願したからであった。しかし、金日成は私たちにも隠して、独断で同族殺し合いの内戦を挑発した。三年余にわたり、数百万の同族の貴重な生命を奪い、民族の多くの財物を破壊した。

世界十数カ国で構成された国連軍と、それに対立する中国軍を呼び入れて、わが国土を血の海と灰にしてしまった。

それだけではない。自らの戦争挑発の民族反逆罪を隠すために、日本帝国ですら抹殺できなかった多くの愛国革命闘士たちにまで汚名を着せて虐殺し、政権を独占した。

現在も「李承晩徒党と米帝が戦争を挑発した」と、嘘を繰り返している。そこには少しも反省の色がない。実に、民主主義人民共和国の名称と背反する虚偽と個人独裁へと、簒奪した政権に変質させてしまったのだ。

彼らは、北朝鮮人民を労働奴隷にし、物いわぬ従僕として扱い、秦の始皇帝が築いた阿房宮のように広大な「主席宮」と、国内数十カ所に建てられた豪華な別荘の中で、同胞たちの血を吸って腐敗堕落した享楽生活を送っている。

北朝鮮は飢餓の生き地獄となり、住民たちにとっては隣の村に行く自由もない監獄となってしまった。そのうえ、再び武力で韓国へ侵攻するために、百万人を超える青年を武装させて私兵とし、核兵器をも製造して、反民族的、極左冒険主義へと突っ走っている。金日成は、北朝鮮同胞の生活を犠牲にしてまでの、このような膨大な私兵と恐るべき核爆弾を、どこで何の目的に使おうとしているのか。

私たちは全力を尽くして、彼の野望をくじくために立ちあがった。日本に救援を乞うて、民族反逆のテロ政権が延命する前に、金日成父子の世襲テロ集団を清算して、朝鮮民主主義人民共和国を解放・改革するために、私たちは行動を開始する。

純粋な愛国心から朝鮮民主主義人民共和国の創建に参加した私たちは、金日成の暴圧と虐殺を避けて、一時的に世界各国に避難せざるをえなかった。だが、私たちは、飢餓と酷寒と虐殺の下で呻吟(しんぎん)している北朝鮮同胞たちの惨状と、金日成父子の天人ともに怒る蛮行を、手を拱(こまね)いて傍観していることはできない。

折りしも現今の世界情勢は、平和愛好と民主化へと激しく変動しつつある。北朝鮮も解放されなければならない。そして言論・出版・結社・移動・旅行の自由がある、人間らしい生活が可能な民主社会とならなければならない。

北から南へ避難した同胞は、自由に北の故郷に帰って暮らすことができ、また南から北へ行った同胞も安心して南の故郷へ帰って生活することができなければならないのだ。

このようになるには、まず第一に金日成父子世襲独裁を清算しなければならない。民族反逆者、同族虐殺者との平和共存は不可能だからだ。

ところで、韓国政府が金日成と平和共存をするために、彼と無原則な融和をするならば、結局統一もできず、金日成父子の暴君政権を延命させ、北朝鮮同胞たちに苦痛を加重する結果をもたらすだけであろう。

私たちは北朝鮮の同胞を一刻も早く援助しなければならない。この瞬間にも彼らは餓死し、凍死し、虐殺されているのだ。北朝鮮の解放・改革は、まさに緊急の課題なのである。

●救国戦線はこうして作られた

過去において、朝鮮民主主義人民共和国と関連のあった私たちは、その重い責任においてまず立ちあがった。平和的な民主統一を熱烈に渇望する国内外の同胞たちの先頭に立って、私たちは道案内の役を果たすだろう。

北朝鮮で呻吟している同胞のみなさま！　立ち上がりましょう。みなさまは決して孤立しているわけではないのです。

韓国にいる同胞の兄弟姉妹のみなさま！　私たちは力を合わせて、金日成父子の世襲テロ政権を打倒払拭し、北朝鮮同胞を救援して統一を成就するための民族的な大事業に立ち上がりましょう。この道こそ統一への道であり、私たちが生き残る道であります。

私たちは今から、血を流さず、平和的に統一するために、金日成父子に下野を勧告する。私たちはルーマニアのような血の解決を望まない。しかし、もし金日成父子が最後まで北朝鮮同胞に弾圧と虐殺を継続するならば、また民主統一にさまざまな難癖をつけて障害物として居座るならば、彼らの末路は予測することができないであろう。

私たちは今、モスクワに集まって、上記の趣旨と目的で、ここに朝鮮民主統一救国戦線の創立を宣言する。

南北の同胞のみなさま！

私たちの趣旨と目的に賛同してくださるようにお願いします。ともに手を携えて、民族の再統一と繁栄と栄光の道を行進しようではありませんか。

祖国の民主統一万歳！

わが民族万歳！

一九九二年一月二十九日　モスクワにて

李相朝（リサンジョ）（元駐ソ大使、人民軍副総参謀長、休戦会談代表、中将）
朴甲東（パクカプトン）（元南朝鮮労働党地下党総責、文化宣伝省幹部）
姜尚昊（カンサンホ）（元内務省副相）
鄭尚進（チョンサンジン）（元文化宣伝省副相）
兪成哲（ユソンチョル）（元副総参謀長兼作戦局長、中将）
朴秉　律（パクビョンリュル）（元江東政治学院長、少将）
張学鳳（チャンハクボン）（元人民軍航空司令部軍事委員、政治軍官学校長、大佐）
南鳳植（ナムボンシク）（元中央放送委員会委員長）
沈寿哲（シムスチョル）（元民族保衛省幹部局副局長、大佐）
宋元植（ソンウオンシク）（元平壌特別市党副委員長）
兪成傑（ユソンコル）（元航空軍官学校校長、少将）
李黄龍（リファンリョン）（元民族保衛省兵器総局長）
金東樹（キムトンスウ）（元平壌特別市内務部長）
金　燦（キム　チャン）（元人民軍第二軍団軍事委員、少将）

以上中央常任委員

私たちはやむを得ない事情により、この会議に参席できなかった次の同志たちを、満場一致で推薦する。

中国地区
徐輝（ソヒ）（元平壌特別市党委員長、朝鮮職業総同盟委員長）
金剛（クムガン）（元文化宣伝省副相）
洪淳寛（ホンスンカン）（元金日成秘書室長）
日本地区
盧民（ロミン）（元民主青年同盟中央副委員長、平壌特別市党副委員長）
許（ホ）○○（元東京朝鮮大学校教授）
アメリカ地区
朱（チュ）○○（元人民軍軍団工兵部副部長、中佐）

また、会議において次の事を決定した。
一、最高指導機関として、議長団、常任議長を置くものとする。
一、李相朝、朴甲東、徐輝の三人を選出して議長団を構成し、朴甲東を常任議長に選出する。本戦線の構成員は北朝鮮、韓国、旧ソ連、中国、日本、アメリカ、ヨーロッパなど世界各国に分散しており、全員の会議召集が困難なため、最高議決機関を中央常任委員会とする。なお、緊急に中央常任委員会が召集できない場合は、常任議長と事務総長（中央常任委員兼任）が協議して決定執行することができるものとする。

一、本戦線への協力、援助者のうち、特に有志な方は、顧問に戴(いただ)く。

一、議長団は事務総長に鄭尚進、事務次長に許○○を指名し、大会の承認を得た。

戦線の幹部たちの元部下が北にいる

こうして救国戦線はスタートを切った。

ところで、救国戦線の創立大会が、なぜロシアのモスクワで開かれたのか。さまざまな事情はさておき、最大の理由は、情報と安全である。

鎖国国家である北朝鮮には、どの国の情報機関も諜報員を送り込むことができないでいる。しかし、現在ロシアにいる北朝鮮政権の元幹部で救国戦線の中央常任委員を務める彼らは、北朝鮮の内情についてどこの国の情報機関よりはるかに詳しい情報を持っている。

なぜなら、彼らにとっては自分のかつての部下や同志たちが大ぜい、北朝鮮にいるからである。現在、平壌で要職についているものも少なくない。彼らが合法的に出張してくるとき、人を介して会うことができる。非合法には、あらゆる機会をとらえて数多く接触している。救国戦線の顔の知れた幹部はともかく、一般のメンバーなら、外貨獲得に血眼になっている北朝鮮には、貿易といえば、入国することは意外に難しいことではない。また、賄賂万能社会だから、それはそれで便利に活用できる。

そもそも救国戦線の幹部は、北朝鮮建国の士であり、歴史はもちろんのこと、政権の方策も人脈も知りつくしている。北朝鮮で党、政府、軍の幹部になるには、私たち救国戦線の幹部が北朝鮮時代に校長を務めていた、党中央、内閣幹部、政治軍官各学校を出なければならない。そして、その出身者の多くは、現在、党、政府、軍の中枢にいる。今はその部下たちが要職についているのだ。

私たち北朝鮮政権の元幹部の影響力は大きく、救国戦線が情報の収集、交換、分析に長けているゆえんである。

安全という側面では、北朝鮮はソ連が解放していたので、ソ連から朝鮮族の幹部が大ぜい北へ行って、政権の基礎を築いた。彼らはソ連国籍を持っており、いざというときには逃げるのも容易である。例えば、元内務省副相を務めた姜尚昊というメンバーは、ロシア国籍なので、ロシアで北朝鮮特務機関に命を狙われることはない。彼らの父や祖父が今から百年ほど前にロシアに渡り生活した、その二世、三世だからである。

ロシア国籍の人を北朝鮮側が殺したとなれば、それは大問題に発展する。だから、むしろロシア国籍でいるほうが安全なのである。もし、身に危険が迫っても、とにかくロシア大使館へ行けば保護してもらえる。彼らは、北朝鮮人でありロシア人でもある。いわば二重国籍者である。

その文脈では、韓国から北朝鮮に渡った私たち南労党員たちがいちばん惨めだ。南労党は、朝鮮共産党の歴史からいえば、正統主流だが、金日成の謀略と大虐殺で逃げ場を失い全滅させられた。南労党員は惨めなものだった。韓国にも中国にもロシアにも、日本にも逃げるところがなかった。私だけが、中学、旧制高校、大学生活を東京で送ったので、日本に逃げてきても助かったのである。

●救国戦線はこうして作られた

救国戦線創立後、国際大会の第一回大会を一九九三年にワシントンDCで、第二回大会は九四年にソウルで、第三回大会は九五年十一月に東京でそれぞれ開催した。私たち救国戦線は創立以来、金日成、金正日に対し真正面から正々堂々と戦ってきた。これは近来のことではなく、救国戦線のメンバーは数十年前から、金日成の欺瞞と独裁と個人崇拝の強要に対して戦ってきた。しかも、平和的に民主改革をするために、一兵たりとも、一挺の銃も持たずに。しかし、これまでの共産主義者たちが、「政権は銃口から生まれる」といったように、金日成、金正日は、大同江（テドンガン）の川の水よりも多くの血を流してきた。だが、私たちはあくまでも血を流すことなく、平和的に祖国・北朝鮮の民主化と朝鮮の統一を成し遂げたいと考えている。北朝鮮には今も同志や友が残っている。そのうえ、最高幹部のなかにも友人が数多くいる。救国戦線のメンバーは粛清された人の遺族である。これ以上、血を流してはならない。

金日成に書簡を送ったとたん〝急死〟

私たちの本格的な闘いは一九九四年六月二十五日に金日成に一通の書簡を送ったことからも分かる。

「金日成主席へ。

今は一九九四年の初夏である。あと一年すれば解放五十周年を迎える。〈地上天国〉という人民の地獄をつくった者としてのあなたは、歴史に永久に記録されるであろう。

今日、北朝鮮はこの世の中で、人間の尊厳性がまったく踏みにじられた地となった。一つの国の中で、父母と子供が別々の地域に住む場合、通行証なしには会えなくなってしまった。基本的な食糧配給もなく、栄養失調で、飢餓の状況に至っている。

このような現象はあなたと、あなたの息子が指導者となっているからである。

いかに多くの貴重な生命があなたの暴虐政治で消され、いかに無実の人々が各地の強制収容所に監禁されているか。このような状況で核兵器開発という無謀な突破口を求め、人民を人質として脅迫するなどの愚行は、結局は国際的に孤立し、全人類の指弾の下、滅亡への道を急ぐことになることを警告する。

あなたの肉体的生命が終わるとき、否、どのようにあがいても、あなたが打ち立てたそのような恐怖の体制は、いずれ崩れ去ることは自明であり、そのときに人民は、奴隷状態からはじめて真の解放を味わうであろう。

あなたも死ねば土に帰るが、いかにあなたが堅固に葬られたとしても、祖国の彊土(きょうど)には、あなたの屍体を埋めるような土地はない。それは必然的な歴史の帰結である。この書簡を受けとったあと、五十日の期間をおく。すなわち一九九四年八月十五日を期して、次の三つのことを言明すべきである。

一、わたしと金正日は年内に引退する。

二、引退する前に、全人民の国内通行の自由、居住地選択の自由、そして職業選択の自由を実施する。

三、なるべく早急に、一切のいわゆる〝思想政治犯〟を釈放する。

自分が犯した罪の前で卑怯（ひきょう）なまねをしないように望む。あなたが自己批判して祖国に害を及ぼさないで引退すれば、あなたの生活と生命は保障されるだろう。

祖国のための、あなたの勇気ある決断を期待して、この文を結ぶ」

私たち救国戦線の目的と願いは、この文章につきるといってもいいくらいだ。

そして、驚いたことに、この書簡を出した後、十日あまりで金日成が急死してしまったのだ。霊験（れいげん）あらたかといえばいいのだろうか、この予期せぬ出来事にメンバーたちは、喜びを忘れて戸惑っていた。

金正日を置きっぱなしにして逝ってしまうことはないだろうに……と。

第四章 飢える民を見殺しにする国に援助は無用

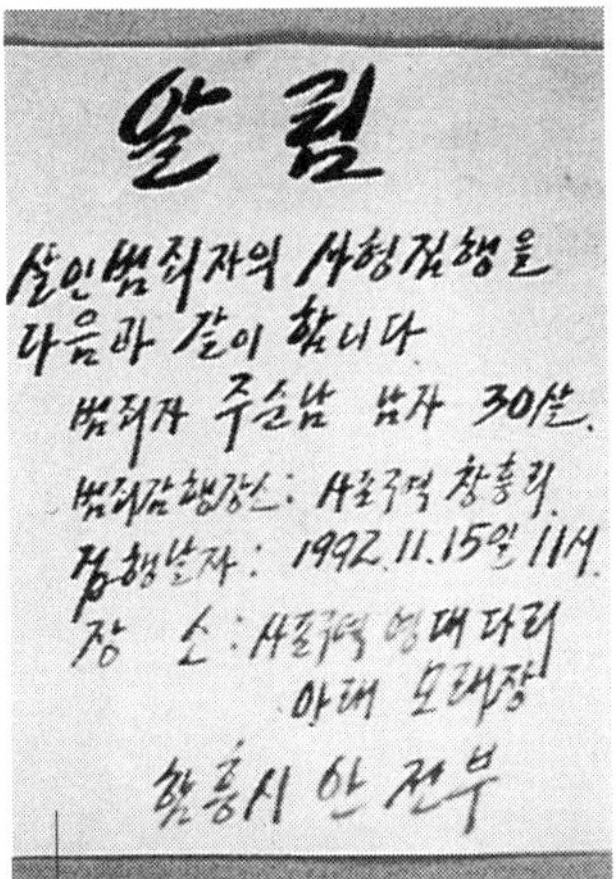

알림

살인범죄자의 사형집행을
다음과 같이 합니다
범죄자 주순남 남자 30살.
범죄감행장소: 사포구역 창흥리
집행날자: 1992.11.15일 11시
장 소: 사포구역 영대다리
아래 모래장
함흥시 안전부

告示

殺人犯罪者の死刑執行を次のように行う。

犯罪者:チュ・スンナム、男30歳
犯行現場:サポ区域チャンフン里
執行日時:1992年11月15日11時
場　所:サポ区域ヨンデ橋下砂場

咸興市安全部

北朝鮮で公開処刑を知らせる掲示文

シベリアの作業場から逃亡した木材伐採労働者を逮捕した北の当局者はこの足かせを両足にかけ、けが人に見せかけて担架で北朝鮮に運び去った

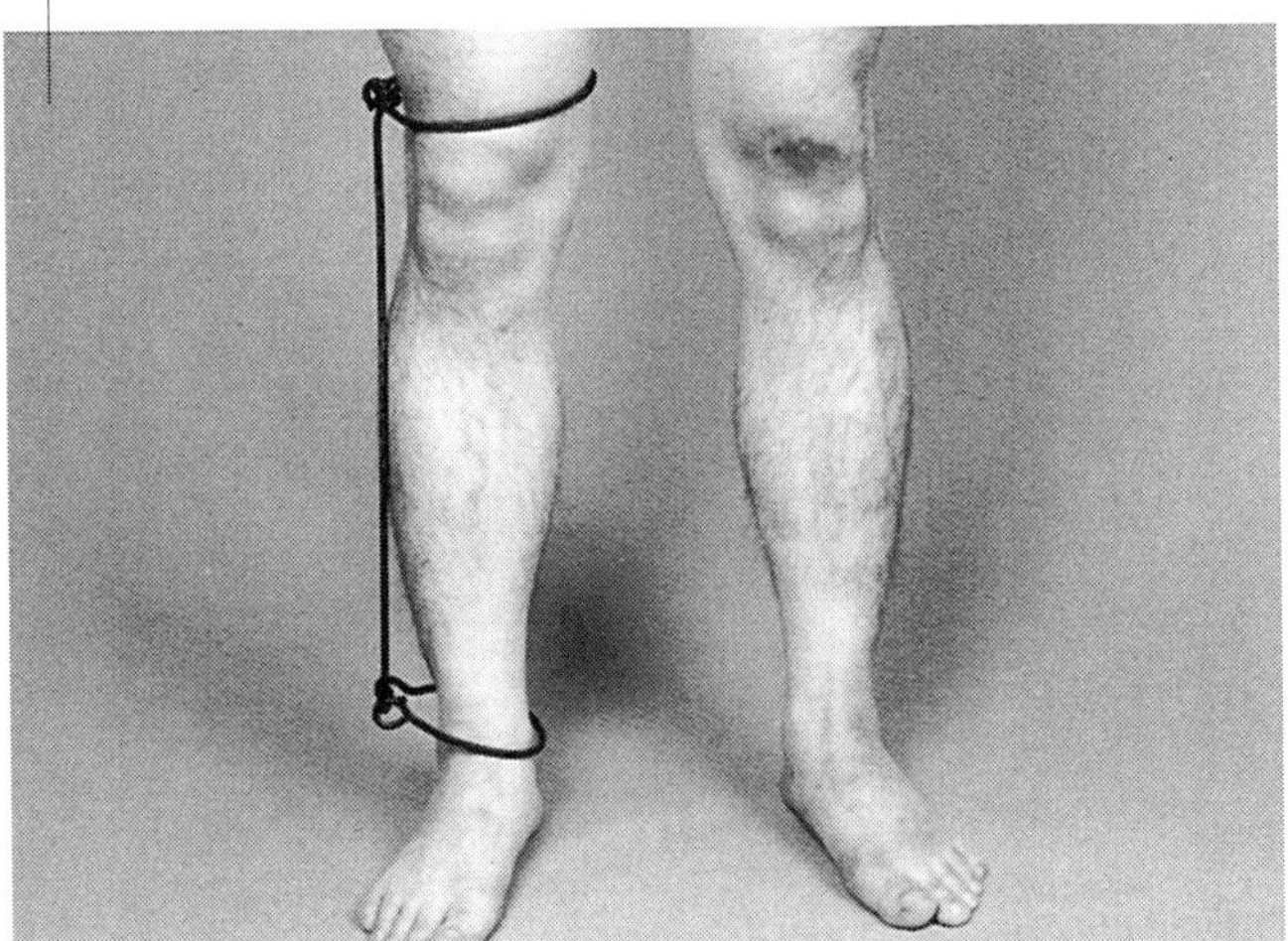

援助より人道が先ではないか

アメリカの政策立案者たちは、金正日政権の軟着陸にだけ注意を集中させて、毎日、毎日、飢えて、病気で、拷問で死んでいく人たちのことは少しも考えていない。アメリカは人道、人道といいながら、北朝鮮の人々に対しては非常に非人道的だといわざるをえない。

例えば、ミャンマーのアウン・サン・スー・チーさんには、並々ならぬ同情を示して、政権にものいったりしているが、北に対しては、金正日援護の一点張りだ。金正日のもとで苦しんでいる人には、一言も同情の言葉がない。

私たち朝鮮民主統一救国戦線は、アウン・サン・スー・チーさんより、もっと苦闘しているのに、一片の同情の言もない。

それは、本当に不思議でならないし、アメリカの人道というのは何であるか、理解できない。中国に対してとかミャンマーに対しても、ほかの国には、みんな人権、人権といっているのに。北朝鮮に対しては一言もいっていない。

北朝鮮は、三割の人間のために七割が犠牲になっているという人がいるが、私は、三割どころか一割のために人民が死ぬ苦しみを味わっていると思う。

人権といえば、金日成父子の悪口をいっただけで殺された人もいるくらいだから、写真をちょっとシワにしたとか、ちょっと間接的に批判したとかで、すぐ政治犯として引っ張られてしまう。妻帯者なら、奥さんと離婚させて、強制的に連行してしまうし、財産を全部没収して、奥さんまでも、別の収容所に入れてしまう。

そんなこと、と思われる日本人もいるかもしれないが、亡命者の手記などを読むと、もっとひどいことが頻繁に起こっていることがよく分かる。

●援助より人道が先ではないか

写真といえば、朝鮮半島エネルギー開発機構（ＫＥＤＯ）が北朝鮮に提供する原子力発電用の軽水炉建設が九七年八月下旬から始まっているが、この工事現場で、韓国の作業員が金正日の写真が掲載された新聞を、ゴミ箱に捨てたということで、北が作業をボイコットするという騒ぎが起きた。普通の国ではとうてい考えられない事態である。

これは、古い話になるが、私が北にいるとき、巡査の生首を切って、彼の家の塀の中に投げたという事件もあった。警察というか、向こうでは内務省とか、社会安全省とかは、悪業の結果、人民に恨まれている。とにかく捕まえられたら賄賂を出さない限り山送り、島流しというのが実態だ。

しかし、人権問題でいえば、一番は、金正日だろう。彼は、有名な作家、李箕永（リキヨン）さんの息子の嫁を〝分捕って〟自分の妻にしてしまった。その彼女が成恵琳である。そんなことをしたら、文明社会では指導者になれるはずもない。

人権を身をもって表現しなければならない最高指導者が、娘まで産んだ人の妻を略奪する国である。ここにはもう、人権ということはありえないと、誰でも思うだろう。

そもそも、金日成がそうだった。北朝鮮女学校はみんな金日成のめかけをつくる女学校だといっていたくらいだ。だから、他人の奥さん、他人の娘といった見境なんて存在しない。有名なキップムジョ、悦び組などは、その典型だろう。

この父にしてこの子あり。父親を見ているから、金正日も人の妻を寝とるぐらいは、当たり前だと思っているのだ。

そんな国なのに、九七年八月二十七日には、国連人権委員会の差別小委員会で、北朝鮮の人権情況非難決議が採択されたことに対して、「わが国の現実をネジ曲げたものだ」と抗議し、「市民的・政治的権利に関する国際規約〈国際人権B規約〉」から脱退すると開きなおった。私があえて書くまでもなく、北朝鮮に〝市民的・政治的権利〟がまったくないことくらい誰でも知っている。それなのに、こういう対応しかできない……まさしく「お笑い北朝鮮」ではないか。

米の行方にもっと注目すべきだ

しかし、お人好し日本は、九七年十月八日、金正日の総書記就任に呼応するかのように約三十四億円の支援を決定した。

それまで、橋本龍太郎首相は、国連やアメリカの要請に対して、人道問題を楯にしながら先送りにしてきた。これを私は、久しぶりに頼もしい首相が登場したと感じながら歓迎していた。

それが、いつ、いったいどう転んだのか。

断っておくが、私は食糧支援には賛成である。もちろん、条件つきで——。

その条件とは、まず、軍の備蓄米を放出しなさい。それから、援助米が飢民に正確に配給されるなら送りましょう、ということだ。

日本では、軍の備蓄米は三ヵ月分といっている評論家がいるが、私は三年分あると思っている。北は、朝鮮戦争で食糧不足のためえらい目にあっている。戦争が食糧なくして成立しないということを身を持って体験しているのだから、軍が食糧集めに躍起になるのはよく分かる。北は、軍へは一人一日八〇〇グラムの配給を予定しているはずだから、それの一二〇〜一五〇万人分×三六五日×三年と計算すれば、一二〇〜一三〇万トンはあるはずだ。

しかし、北があれほど食糧を要求していることから察すると、水害で壊滅的に打撃を受けたのは、実は、備蓄米だったということも可能性としてはある。軍の備蓄米は地下壕に貯蔵してあるからだ。

備蓄米については、二つの報道が相次いでなされた。

九七年九月十八日付の産経新聞から拾ってみよう。

【ソウル17日＝共同】　十八日付の韓国紙、韓国日報早版は北朝鮮筋の話として、北朝鮮の金正日書記が最近、公式の場で各軍部隊に対し、軍糧米を放出し一般住民に分配するよう指示したと報じた。

同紙によると、放出の量や時期は把握されていない。同筋は「秋の取り入れ時期を目前に食料難が最悪の状態にあることを示している」としながらも、「軍糧米放出が権力公式継承に向けた雰囲気づくりと関係がある可能性も排除できない」としている。

同紙によると、北朝鮮では二百五十ヵ所の軍糧米貯蔵施設に約百五十万トンが備蓄されており、最近、約六十ヵ所を追加建設中という。

次の報道は九月二十七日付、読売新聞夕刊である。

【ワシントン26日＝飯山雅史】韓国に亡命した朝鮮民主主義人民共和国（北朝鮮）人民軍元大佐の崔主活（チェジュハル）、同国コンゴ大使館の元一等書記官の高英煥の両氏は二十六日、ワシントンのナショナル・プレス・クラブで記者会見し、人民軍が百二十万トンもの食糧を備蓄していると語った。両氏は、人民軍の食糧管理担当者から直接得た情報としており、「米国は食糧援助を行う前に、北朝鮮の人権問題に注目すべきだ」と主張した。高氏は九一年に、崔氏は九五年に、それぞれ韓国に亡命した。

●援助より人道が先ではないか

ほぼ同時期に、備蓄米のニュースが出るという点で、何か意図的なものを感じないでもないが、後者の記事は、はからずも、私の計算と同じ数字であった。また、前者の、貯蔵施設を追加建設中というのは、地下壕が使いものにならなくなってしまったことの現れかもしれない。むろん、軍備蓄米の放出は〝宣伝〟だけだろう。

話が少しそれたが、支援条件の第二は、支援する国が、食糧の行き先を見届けられるということだ。

九五年の食糧支援交渉でも、北朝鮮は「赤十字を通してはダメだ。赤十字のマークをつけた米が人民にわたるのはダメだ」といったという。あくまでも、支援ではなく、〝お上〟のおぼしめしで、人民の口に米が入ることに固執しているのが北の実情だ。また、こんな話もあった。国民に米を配っているところを外国の報道カメラマンに撮らせておいて、彼らが帰ってしまった翌日には、再び召し上げてしまったというのだ。

これでは、不信感が増幅するだけだ。支援する地域に自由に出入りして、現場で確認するだけでなく、支援国から何人か行って、カメラマンも自由に撮影できて、さらに半年くらいは滞在して確認する必要がある。

現在は、おそらく米をやっても、全部、金正日のところ、つまり軍部に行っているはずだ。今、北が人民、人民といっているのは、軍部の命令一下で、鉄砲担ぐ人たちのことだ。だから、米の行き先を確かめないのは非常に問題だ。

政治犯とか、隔離されている人たちとか、本当にお米の〝見物〟もできないような人たちに届けるのが人道であって、何も、戦争する人を元気にすることはない。

北朝鮮の人民を救うのだといって、ボランティアが米を何百キロも積んで行ったり、農協などが農業指導を申し出るなど、日本人も非常に心やさしい人たちなのだが、助けるべきは「北朝鮮」ではなく、収容所に入れられている二十万人の政治犯と、不当に一定地域に閉じ込められている四、五百万の人たちなのだ。

アメリカも監視強化をいい出した

第三の条件は、援助を頼むからには、正直な数字をいいなさいということだ。

北は、米の不足量を一一〇万トンといったり、一五〇万トン、二五六万トン、五三〇万トンだったり、どれが本当の量なのか、見当もつかない。総生産高にしても一九九六年で二五〇万トンとも七八〇万トンともいわれている。北の関係者は、そんなことは国防上の秘密だとうそぶいている。日本の評論家やジャーナリストのなかにも、公表しないのは当然だと思っている人がいるから始末が悪い。

国の秘密が大事なのか人民の生命にかかわる食糧が大事なのか、はっきりさせるべきである。不明瞭だから、北朝鮮は援助米を横流ししているという話が流れる(事実だろうが)のだ。国連も数字の根拠なく指示を出したり、動き回ったりするのはやめてほしいものだ。以上の条件を満たしたうえで、日本人妻と拉致の問題も同様に明確にするというのが筋ではないだろうか。

ところで、九七年十月十一日には、歓迎すべきニュースが報道された。読売新聞から引いてみよう。

【ワシントン10日＝坂元隆】米政府の対外援助機関、米国際開発局(ＡＩＤ)当局者は九日、朝鮮民主主義人民共和国(北朝鮮)への食糧支援に関し、一部記者団に対して、「効果的な(支援食糧分配の)監視が行われると確認されない限り、我々は支援をしない」と述べた。米政府は国連・世界食糧計画(ＷＦＰ)を通じ今年だけで十七万七千トンにのぼる積極的な食糧支援を行っているが、北朝鮮が監視に協力的でないため、今後の支援継続を前に警告を発したものとみられる。

ＡＩＤで北朝鮮支援を担当するレナード・ロジャーズ氏によると、北朝鮮政府は今年七月、支援食糧の分配監視のため国連から十七人の監視担当員受け入れに同意したが、

●援助より人道が先ではないか

実際には七人しか入国を許されなかった。北朝鮮は先週になって、残りの十人の入国を許可すると表明したという。

ＷＦＰは来月にも新たな北朝鮮支援の要請を各国に行う見通しで、ロジャーズ氏は「次の支援では、監視問題についてより厳しい態度でのぞむ必要がある」と強調した。

米政府は、北朝鮮の食糧事情を把握するため、今月末にも国務省とＡＩＤの担当者を中心とした初の政府調査団を北朝鮮に派遣する予定。朝鮮半島和平のための四者協議は予備会談で停頓（ていとん）したものの、米政府は「食糧支援は人道問題」として和平プロセスとは別に継続する意思を表明している。

ぜひ、日本政府も同様の要求を北朝鮮につきつけてほしいものだ。

日本人妻一時帰国問題の複雑さ

日本人妻の里帰り問題は、一般の人が考えているほど単純なものではない。

まず、北朝鮮が第一回の十五人を皮切りに、一回に十何人とか二十何人とかいっているのは、日本に行っても「安全な」人たちばかりだ。向こうでも、恵まれた地位についている夫の妻であり、十分に洗脳されている。いわば「主体思想」の模範生だ。

〝日本人妻〟胸に悲しく響く言葉である。日本人妻と呼ばれる彼女らの人生は悲劇だ。

日本人妻の悲劇は、一九五九年から八四年にかけて行なわれた、在日朝鮮人の永住帰国「北朝鮮帰還運動」の結果としてもたらされた。この二六年の間で、九万三三四〇人が「地上の楽園」の宣伝に乗せられ、北朝鮮へ帰還していった。このなかには六六七九人の日本国籍所持者が含まれており、うち日本人妻は一八三一人とされている。

帰還者のなかで恵まれた、あるいはまともな生活を送っているのは、ほんの一握りしかいない。圧倒的大多数の人が、およそ四十年にわたって、自由を奪われ、弾圧され、飢餓のなかで極貧の生活を余儀なくされ、里帰りも許されず、ひたすら体制への服従を強いられている。しかも、その生活はよくなるどころか、ますます悪化して、それだけ死に近づいている。

早く帰国させるべき人はほかにいる

日本人妻の多くが老齢化している。肉親である親子、兄弟、姉妹が、親戚縁者と二度と会うこともなく、二度と祖国の土を踏むこともなく、異国の土となっては遅い。一刻も早い全員の一時帰国を実現させなければならない。

彼女たちからの手紙は、検閲されているらしく、墨で黒く消してある部分のあるものもあれば、たくみにかいくぐって届いたものもある。すべての手紙の内容は、切々と援助を訴えている。

切手代にもこと欠き、手紙を出す費用を捻出するために、食事を抜いたというものまである。生きている証しに、写真を送りたくても、その写真すら金がなくて撮れないという。手紙の多くは血の滲むような筆致で、品物、薬品、金を求めている。なかには、サッカリン、せっけん、タオルから、どんなに古くてもよいから衣類をと、考えられない物まで仕送りを求めている。

こんな国に鉦（かね）や太鼓と万歳で帰還者を送った、日本政府、マスコミ、朝鮮総連の責任は重いといわざるをえない。むろん、諸悪の根源は北朝鮮であることはいうまでもない。

自分たちは行かないで「地上の楽園」だと同胞をあざむいて地獄に落とした朝鮮総連幹部の罪は許すことができない。ある意味で、朝鮮総連はかわいそうといえば、かわいそうなのかもしれない。朝鮮総連は、独自の考えなど何もなく、すべて北朝鮮の指示どおりに動かなければならないからだ。幹部はいうにおよばず、構成員の誰もが、この帰還者運動で血縁者を本国に人質として捕らえられているのだ。

日本政府は七一年以来、在日朝鮮人が北朝鮮に永住帰国した肉親に会いに行って、日本に再び帰ってくることを許可している。しかし、北朝鮮は、在日朝鮮人とともに北朝鮮に永住した、日本人妻を含む六六七九人の日本人（日本国籍を保有している）の日本にいる肉親が、訪朝し会うことを許可していない。手紙の自由な往来はおろか、消息の公開もない。

人道支援を訴えている国が、このような非人道的行為を、およそ四十年近くとり続けている。それでも、背に腹はかえられぬというのか、約六千七百人のうちの十五名の里帰りを認める見返りに、米を五十万ないし百万トンも要求した。

この十五名とは、訪朝した日本人専用の宣伝要員であったり、説明、案内役を務める北朝鮮当局の教育係で、核心階層という特権階級の極めて稀(まれ)な「日本人妻」である。彼女らは筋金入りの「主体思想」信奉者である。

「共和国には民族差別もなく、人民が等しく暮らしている。衣食住に何の心配もない。政治生活にも民族差別がない。国の主人として堂々と生活している」(キム・チョミさん)

「私たちは朝鮮に行って四十年近く住みましたが、民族的差別も受けげず、幸せな生活をしてきました。私たちを何の苦労もなく生活できるようにしてくださった将軍様(金正日書記)の、何て言っていいか分からないほどのありがたさを朝鮮にいるときより、もっと感じました」(シン・チョンホさん)

——北朝鮮に渡った当時、北朝鮮は「地上の楽園」といわれたが、どうでした?

「今も、変わりません」(リ・ミヒョンさん)

「私の知っているまわりの人たちは、みな健康で暮らしています」(シン・チョンホさん)

●日本人妻一時帰国問題の複雑さ

「朝鮮労働党と共和国の人道的な処置のもとに、東京に来ることができました」（キム・グァンオクさん）

以上は、新聞から拾った「北朝鮮在住日本人配偶者の故郷訪問」の第一陣の人たちの声である。予想どおりの発言とはいえ、こんな立派な国に支援をするのは、失礼なのではないだろうかとさえ思ってしまう。

里帰りが早急に必要なのは、彼女たちではない。明日のない、社会の最底辺にいて差別され、貧困と飢餓にあえいでいる人たちである。日本政府は、北朝鮮に妥協すべきではない。断固として六六七九人の里帰りと自由往来を要求すべきである。それに北朝鮮が応じないなら、北朝鮮を訪問する在日朝鮮人の再入国許可を、拒否することを言明すべきである。国際間の約束事は双務条約が原則だろう。

日本は九五年、北朝鮮に米五十万トンを無償援助した。その急先鋒が自民党の加藤紘一幹事長だったといわれる。北朝鮮を日朝交渉に引き出し軟着陸させることと、人道問題の二点をあげ、反対意見を押し切って援助を強行したといわれる。しかし、日朝交渉は北の掌（たなごころ）に乗ったままで、遅々として進まない。

それだけではない。北では、日本が〝献納〟したといっている。

外務省も認めているように援助した米が、誰の口に入ったか、いまだにまったく分からない。日本や外国からの援助米は、金正日や軍人の食糧となっても、一般の人民の口にはほとんど入らないのが実態である。

例えば、米を積んで韓国を出た船は最初、羅津（ラジン）に向かうことになっていた。ところが急遽途中で清津（チョンジン）に変更された。羅津は港湾施設が不備で荷揚げに支障をきたす、はじめから分かっていることだが、それが表向きの理由だ。

たしかに、清津港の設備は東海岸では充実している。荷揚げしやすいということは、逆にいえば、この荷をほかの船に積み込みやすいということでもある。韓国船が清津に入港して、米を降ろすと、その三日後にはロシア船が入港してその米を積んで、そのままロシア方向へ航路をとったという。

米はロシアにいったのだ。米をロシアのトウモロコシなどの安い雑穀と交換したのだ。米と雑穀には価格差があるので、当然、北朝鮮側に差額が支払われることになる。この差額が現金なら軍事費に、雑穀であれば軍の食糧備蓄になると推測される。

日本から援助された米も、シナリオは同じと考えていいだろう。日本からの米は中国に近い、西海岸で荷揚げされている。その交換相手が中国かどうかは不明だが、日本の援助米が北朝鮮ではなく、他国に流出している可能性は否定できない。
日本やアメリカ、韓国が善意で送った米が、本当に飢えた人たちの口に入るかどうか、まったく検証できないのが現状である。北朝鮮は米をもらうだけもらっておいて、それを送り出した国の人間を国内に入れようとしないのだから。

いずれにしても、善意の支援米が人民の間に流通していないことだけは確かである。その証拠に、最近、韓国に亡命した人たちの証言によると、日本や韓国、アメリカから米が入ってきていたことをまったく知らないか、知っていたとしても、彼らの口には入っていないのだ。

そもそも、米は人民のものであるにもかかわらず、一部の日本の政治家、社民党幹部の一部は北朝鮮人民の運命には関心がない。故金丸信、同渡辺美智雄、その他、ごく一部の自民党幹部の北朝鮮に対する姿勢と言動は、北朝鮮の本質の何たるかを知らないばかりか、結果的に日本を北朝鮮の謀略に陥れることになる。

北朝鮮は人民を無視して、体制維持に狂奔している。誤まった援助は、現体制の延命にほかならず、人民のためになるどころか、ますます人民を苦しめ、死へと追いやることになる、ということに日本人は気づくべきだ。

帰国をうるさがる人たちもいる

一方で、日本人妻の帰国をうるさがっている人たちがいることも考慮しておかなければならない。家族の反対を押し切って、絶縁状態で北に渡った人たちも少なくないし、四十年も経てば、代替わりもしている。今さら、という戸惑いもある。むろん、向こうで完全に洗脳されている人間には会いたくないといって拒否する家族がいることもある。

そういうケースではなく、例えば、日本人妻が日本に永住しようとする。そう願うのは、今の北の状態を経験すれば、当然のことだが、それを断るわけには、なかなかいかないだろう。そうなったとき、その妻が、夫や、子どもを連れてくるとなると、これが問題だ。家族をバラバラにして、あなたは永住してもいいが、夫と子どもはダメだとはいえない。そうすると親戚だなんだといって、人数がふくらんでくる。だから、そういうことを心配する日本人がかなりいる。

それは、かわいそうだという人もたくさんいるに違いない。しかし、今の金正日政権がなくなれば、北だって希望の持てる国に必ずなれる。わざわざ日本に逃げ帰る必要もなくなるだろう。一日も早く、金正日暴虐政権を地上からなくすことである。

そうなったら、日本人妻の里帰り問題は、日本との条約によって円滑に解決することができるだろう。

例えば、里帰りしたら、一回の滞在は半年までとか、一年間に一回とか、調整して取り決めをすればいい。

話を戻すが、日本人妻の一時帰国が実現したことは、それはそれで認めよう。しかし、これで問題が解決したわけではない。第一陣の帰国は、里帰り事業の幕開けを意味しないだろう。北朝鮮の思惑で、日本政府を手玉にとり、日本人の心情を逆手にとって、十五人の一時帰国を三十四億円で売ったとさえいえるのだ。それなのに、日本のマスコミはほとんど美談、感動物語仕立てで報道している。

この人たちと食糧支援との関係に疑問はないのだろうか。この先、二陣、三陣がどうなってくるかに関心はないのだろうか。今後も続けるとして、一回に十五、六人では何十年かかるのか分からない、そんな疑問も持たないのだろうか。

第一陣が「主体思想」の信奉者であることは当然で、彼女たちを批判はしない。北朝鮮で生きるためには〝染まる〟ことが唯一の術であったことは想像できるからだ。第二陣、第三陣で帰ってくる人たちも同様だろう。

これらの人たちは、政治的にも忠誠心の高いエリート層ではあるが、日本に帰国するにあたって、厳しい再教育を受けたといわれている。悲しい現実ではある。

そもそも、日本政府は在日朝鮮人には、北朝鮮との往来を認めていながら、北朝鮮は日本国籍保有者には、移動はおろか、往来をまったく認めていない。自由往来こそ本来の原則である。これが実現しない限り、日本人妻の一時里帰りは、北朝鮮一流の戦術であって、あたかも友好のシンボルであるかのように歓迎すべきではないと思う。

国家的犯罪、拉致を許すな

朝鮮労働党書記、朝鮮アジア・太平洋委員会委員長、朝日友好親善協会最高顧問で金正日の側近である金容淳は、日本人拉致疑惑を強く否定して、「新潟の少女拉致事件では、日本に対して不快に思っている。事件は南朝鮮（韓国）の国家安全企画部がやったことである。我々としては、日本がなぜこのデマを信じているのかわからない」と語り、労働党の部長級は、「拉致疑惑に関して、我々は論評に値しないと無視している。わざわざリスクの伴う拉致をしなくても、いくらでも日本の情報を入手することができる」と加えている。

なんという国なのだろうか！

北朝鮮による、日本人誘拐拉致は、少なくとも一九六三年から行われていることは確認されている。そして、現在、日本政府は七件十人について、疑惑濃厚と認識している。これは疑惑ではなく、確信犯である。

誘拐拉致事件が世に騒がれたのは、一九八七年十一月に起きた、大韓航空機爆破事件の犯人の一人、金賢姫（キムキョンヒ）の日本人教育係、李恩恵（リウンヘ）こと田口八重子さんが、そうであると金賢姫の証言と自著に発表されてからである。

日本は非公式に打診したが、北朝鮮は、「日本で騒いでいるような事実はない」と、朝鮮中央通信を通じて、李恩恵拉致説を否定すると、日本政府は黙ってしまった。

ようやく、拉致事件に対して日本政府が重い腰をあげ、真剣に取り組んだのは、新潟県在住の横田めぐみちゃんという、十三歳の少女が七七年十一月十五日、下校の途中に消息を絶った事件が、九七年になってにわかにクローズアップされたからだ。

●国家的犯罪、拉致を許すな

ことの起こりは、『現代コリア』九六年十月号の、石高健次論文「私が『金正日の拉致指令』を書いた理由」を緒に、新進党の西村真悟衆議院議員が、九七年二月三日に国会質問をしたことに始まる。

それはちょうど、後日、韓国に亡命した黄長燁が、主体思想国際討論会に名を借りて、朝鮮総連からの集金と、最大の目的である日本からの食糧援助を、自民党の加藤紘一幹事長と山崎拓政調会長に折衝するために、来日しているときだった。

偶然とは重なるものだ。横田めぐみちゃん拉致は、北朝鮮工作員の仕業であると、韓国に亡命した元工作員の証言が、韓国の聯合(れんごう)通信を通じて、日本に大きく報道された。

人道には人道をと、世論を背景に食糧援助の話も席も流れた。時を同じく、共産党を除く超党派の国会議員によって、「北朝鮮拉致疑惑日本人救援議員連盟」(会長、中山正暉)が結成された。不思議なことに、日頃から人権、人道にうるさい社民党は、強く呼びかけたにもかかわらず、北朝鮮に気兼ねしてか誰一人として加盟していない。

日本人拉致事件については、先に触れた石高健次氏の『金正日の拉致指令』(朝日新聞社刊)という立派な本があるので、私がクドクド述べる必要もないだろうから、事実だけをおさらいしてみるに留めておこう。

ここまで分かっているのに無視する北

●横田めぐみさん。

当時、中学一年十三歳。めぐみさんは七七年十一月十五日の放課後、クラブ活動のバドミントンの練習後、帰宅途中、自宅附近の学校から約二〇〇メートル海岸寄りの、新潟大学教育学部角の十字路で友だちと別れたまま、消息を絶った。めぐみさんを拉致した工作員は、別の工作を終え海岸から脱出しようとしているところを、めぐみさんに目撃されたため、捕まえて連れ帰ったのだという。

北朝鮮でめぐみさんは、「朝鮮語を習得すれば、お母さんのところに帰してやる」と当局者にいわれ、賢いめぐみさんは懸命に勉強した。ところが、十八歳になった頃、それが叶わぬことと悟ると、精神に破綻をきたしてしまい、病院に収容された。

と、韓国に亡命した工作員は、北朝鮮でめぐみさんを拉致した工作員から聞いた話として証言した。

●寺越武志さん。

当時、中学二年十三歳。六三年五月十一日、石川県志賀町に住む武志さんは、翌日が日曜日だったので、叔父の寺越昭二さん（当時三六歳）と外雄さん（同二四歳）と、高浜漁港から一・五トンの漁船「清丸」で、メバル漁に出て行方不明になった。翌朝、船だけが志賀町上野海岸の沖合約八キロに漂流していた。船は船首部分が破損しており、日本の船のものではないペンキが付着していた。

船は沈んでいないが、三人の姿はない。謎は多く、生存に望みを託しつつも、家族は海で死んだものとあきらめ、葬儀をすませた。

それから二十四年。八七年一月、突然、外雄さんから姉の栗原豊子さん宛に、北朝鮮で結婚し、元気で生活しているとの手紙が届いた。

武志さんの両親、太左衛門さんと友枝さんは、その年八月、北朝鮮とパイプのある、地元選出の社会党の嶋崎譲代議士と一緒に訪朝した。

昭二さんは六八年にすでに亡くなっていたが、武志さんと外雄さんには会うことができた。武志さんは首都の平壌から、電車で四時間ほどの亀城（クソン）市の工作機械工場で、金英浩（キムヨンホ）と朝鮮名に改名して働いており、結婚して二男一女がいた。その後、外雄さんは九四年に病死した。

八七年八月の訪朝は、八三年に拿捕（だほ）された「第十八富士山丸」の乗組員の帰国交渉のため、土井たか子社会党委員長が訪朝する一ヵ月前のことだった。今になって、嶋崎譲元代議士の稚拙な行動が指摘されている。両親にとっては、わが子会いたさに、すがる気持ちで相談して訪朝したのはよいとして、嶋崎譲元代議士の行動は、政治家にあるまじきであったと、漏れ聞こえている。友枝さんの関係者の話によれば、友枝さんら、拉致家族の現在の活動に批判的で、母心を傷つける電話が度々あるという。

母の友枝さんは、その後、九五年まで三回、旅行者として訪朝しているが、いつも当局の監視がつき、面会には十万円（北では大変な高額）も賄賂を要求されたことがあった。北朝鮮にいる理由を、「眠っていたので分からない」と答えるだけで、帰国の意思は強く感じても口には出せず、いつも肝心な話になると、当局者にさえぎられてしまい、謎は解けないままである。

電話は年に数回、コレクトコールでかかってくるというが、亀城市には国際電話がないので、新義州（シンウィジュ）か平壌からである。内容は決まって、金、食品、薬品の無心だという。北朝鮮に移動の自由はないから、誰かにやらされている可能性大で、しかも、本人に渡っているかも疑問だ。

いずれにしても、これは、ほかの拉致事件とは異なるケースである。北朝鮮側からは、現に生存しているにもかかわらず、「海難事故で救助した」とも「拿捕(だほ)した」とも、三十四年たった今日に至るまで、公式にも非公式にも連絡は一切ない。

●久米豊さん。

七七年九月、東京三鷹市役所で警備員をしていた、当時五二歳の久米さんは、在日朝鮮人のエージェントに誘われるまま、能登半島の宇出津海岸の旅館に宿泊して以来、行方不明になった。

久米さんと、その旅館に一緒に同行した、在日朝鮮人エージェントは、外国人登録法違反で逮捕され、事件の顚末(てんまつ)を自白したという。

エージェントは北朝鮮工作員から、「五二、三歳くらいで身寄りのない日本人男性を誘い出すこと。頭の程度は問わない。戸籍謄本を取らせて九月十九日の夜、能登町宇出津海岸で待っている工作員に身柄を引き渡せ」と指令を受け、金に困っていた久米さんに近づき、密貿易を手伝わないかと騙して、戸籍謄本をとらせて、宇出津海岸の旅館まで連れて行き、翌日の夜、海岸で待っていた北朝鮮の工作員に、久米さんを引き渡したと供述した。(週刊朝日、八五年七月一九日号)。

●田口八重子さん。

大韓航空機爆破事件の犯人の一人である、金賢姫の日本人教育係。金賢姫の証言と上梓した一連の本によって、教育係の李恩恵が田口さんであることが判明。本によれば、田口さんは日本でのことを多くは語らなかったが、社交業界にいて、一児の母となったが離婚、七八年六月に船で北朝鮮に連行されたという。李恩恵こと田口さんは、日本で最初に騒がれたが、未だに彼女を知る人へも、人からも連絡はない。

●地村保志、浜本富貴恵さん。

地村さん（当時二三歳）は福井県小浜市在住の建築士見習いで、一緒にいた婚約者の浜本さんは当時二二歳。七八年七月七日、二人は夜九時頃、国道沿いのレストランを出た後、消息を絶った。二人は六月末に結納をすませたばかりで、失踪する理由はまったくない。

●蓮池薫、奥土祐木子さん。

蓮池さんは当時二十歳の新潟県柏崎市に住む大学生。奥土さん（当時二二歳）は美容指導員。七八年七月三十一日、二人は午後六時に海岸から二五〇メートル離れた、図書館で落ち合ったあと消息を絶った。

●市川修一、増元るみ子さん。

当時二三歳の市川さんは、鹿児島市の電電公社（現NTT）職員で、増元さんは当時二四歳のOL。二人は七八年八月十二日、同県日置郡吹上町の吹上浜に自家用車を残したま
ま、行方不明になった。車はロックされ、助手席には、るみ子さんのハンドバッグとカメラが残されており、車内の遺留品もまったく荒らされた様子はなかった。

●原敕晃さん。

原さんは当時四九歳で、中華料理店の店員をしていた。八〇年六月、北朝鮮の工作員、辛光洙らによって、宮崎県青島海岸から北朝鮮に拉致。その後、辛は原さんになりすまして、日本に再入国。パスポート、運転免許証、国民健康保険証まで取得し、海外にも出て対南工作を続けていた。辛は八五年二月、原さん名義のパスポートで、韓国に入国しようとしたところを逮捕され、現在、服役中。彼の恐るべき供述は九七年十月八日、九日の産経新聞に詳しく掲載されているから、興味ある人には一読をすすめたい。

●有本恵子、I、Mさん。

有本さんは八三年八月九日、ロンドンでの語学留学を終了し、帰国する予定の当日に「仕事が見つかる　帰国遅れる　恵子」という電報が実家に届いた。その後、十月中旬にコペンハーゲンからの手紙が届いたのを最後に、音信が途絶えた。

札幌市出身のIさん（男性）は、七八年、ヨーロッパ旅行中に消息を絶ち、十年後の八八年に実家に手紙が届いた。この手紙には、有本さんと熊本出身の留学生Mさん（京都外大大学院生、男性）の写真や、署名などが書かれていたという。手紙の発信地はポーランドであったが、封筒の裏には、「Iより、平壌にて」と書かれてあった。

●田中実さんと夫人。

一九四九年生まれの田中さんは、神戸市東灘区に在住し、ラーメン屋の店員をしていた。その店の経営者は韓（ハン）といい、北朝鮮の工作員で、田中さんを海外旅行に誘い、そのまま拉致した。

この内容は、月刊、文芸春秋（九七年一月号）に掲載された「日本人拉致組織『洛東江』の二十年」（張龍雲（チャンヨンウン）著）に詳しく書かれているが、文中で北朝鮮にいる工作員の一人が、田中さんについて、「同じく日本から拉致されてきた女性と結婚している」と証言している。

このほかにも、元北朝鮮工作員、安明進（アンミョンジン）が産経新聞のインタビューに応えて、「自分が知っている日本人で、教育や放送の仕事に就いている人がいる。一人は三十代半ばの男性で、彼は八十年代初めに、工作員によって日本から拉致された」と語っている。

また、北海道出身の小住健蔵さんは、八十年頃、北朝鮮に拉致された。八十年六月、工作員Pは小住健蔵名義のパスポートを取得、六回にわたって海外に渡航したことが露見。Pは八五年に指名手配されたが、現在もなお逮捕されていない。

これらの人々は、明らかに北朝鮮工作員による拉致である。日本政府は、北朝鮮に拉致された疑いのある日本人を「七件十人」と認識している。しかし、警察庁の統計では、毎年七、八万人の人が、九五年の統計では八万三十人が家出人として届け出されている。そのうち、二万六八八七人が、犯罪、その他、不詳で、行方をあるいは消息を絶って、不明になっている。

政府が認めている、警察が疑いをかけ調査している、報道関係が追っている、これらの数字は、氷山の一角にすぎない。日本は情報、諜報、工作、スパイ活動の天国といわれている。一般に自由主義諸国は甘いといわれているが、日本は無邪気すぎて危険だ。北朝鮮の工作員やエージェントは、日本国内に無数にいる。日本の警察は、ある程度それを知ったうえで、彼らの行動や情報を得るために、泳がせているが、どっこい彼らも知っていて裏をかいているのだ。日本海側の石川、富山県の海岸で、工作員の活動を見て、上司に報告したが却下されたという話もある。また、それらの報告を極秘資料として温存しているともいう。

日本人はこんなに利用されている

戦前の日本ならいざ知らず、現在の日本は憲法で軍隊を持てず、したがって情報部も持てないから、甘い面がある。

また、工作員はともかく、エージェントは在日朝鮮人だけではない。韓国人もいれば在日韓国人もいる。もちろん、日本人にもエージェントはいうにおよばず、スパイもいる。

日本に親金日成派がいるのは、彼らの影響にほかならない。親金日成派は一般人から学者、知識人、ジャーナリスト、財界人、政治家にまでおよぶ。彼らが悪党・金日成を革命家だと誤認、肯定するから、二千万人の人民が絶望のうめき声あげているのだ。そのなかに、千八百三十一人の日本人妻もいれば、拉致された人々もいることを忘れてはならない。

不思議なことに、親金日成派の日本人は北朝鮮に招待され、歓待を受け、感激したあげく、知らぬ間にマインドコントロールされて帰ってくる。今の北朝鮮のどこに、何の魅力があるのか、北朝鮮に招待されたことを、このうえなく名誉に感じている。

かつて、フランスの作家、アンドレ・ジイドは、スターリン時代のソ連へ招待されたことがあった。彼はフランスへ帰国するや、スターリンとソ連体制を強く批判した。そういう知性を親北派に持ってもらいたいと思うが、無理な相談かもしれない。

北朝鮮は、社民党は友好党であるからその必要もないが、自民党の中枢に取り入ろうと、工作している。そこに金も利権も動くから始末に悪い。

工作員は派手な動きをするばかりが、工作員ではない。私の経験では、第一工作部と第二工作部があり、第一は筋金入りの党員で、第二はエージェントあるいはシンパサイザーだ。第一は本人に直接工作をし、第二はその周辺の情報をとったり、工作の補助をする。

拉致や破壊工作をする工作員は、北朝鮮人民軍の第八特殊軍団に属する。工作員は階級も高く、思想的に筋金入りで、士気が極めて旺盛であり、鍛え抜かれた身体を持ち、武術、狙撃、山岳踏破、水泳、パラシュート降下、火砲、暗殺、爆破作業、誘拐、テロに熟達している。

●国家的犯罪、拉致を許すな

では、なぜ拉致をするのか。七〇年代は、北朝鮮のスパイの世代交代の時期に当たっていた。それまで、日本へ潜入する工作員は、戦前の日本世代のバイリンガルの高齢者が多かった。しかし、その年代の人々が、高齢化とともに工作員の激務に耐えられず、任務がつとまらなくなった。そこで、若い世代を養成することが急務となり、北朝鮮はその対策に躍起になっていた。日本人拉致事件は六三年を最初に、七〇年代に六件も頻発している。田口八重子さんは、こうした北朝鮮の計画に沿って、拉致され、金賢姫に日本語ならびに日本の習慣を教える、教育係にされたのだ。このように、拉致された日本人は、対日工作員の教育係にされるケースが普通だ。

知らない人は、それなら、わざわざ日本人を拉致しなくとも、在日朝鮮人を起用すればいいのでは、というが、やはり日本人に仕立てあげるには、日本個有の文化、生活習慣、言葉づかい等々、歩き方から座り方、顔の洗い方から風呂まで、直せるなら、肉体的特徴まで矯正する。そのため、一対一で日本人と生活して教育するのだ。教育施設や在海外工作員宿泊施設は、平壌の龍城区（リョンソン）（一般の人は入れない統制区域）にある招待所（秘密アジト）であることが多い。招待所は、一軒一軒が広い敷地にあり、隣との交流は一切できない。生活は最高レベルにあるというが、二十四時間監視され自由はない。

もう、十数年前のことである。アメリカの大学教授（アメリカ籍を持った韓国人）が、初めて平壌を訪問した帰り、東京に寄ったときのことである。

私は、彼に「あなたは平壌で、どこに泊まりましたか」と尋ねた。北の情報部の程度をよく知らない彼は、平気で「龍城の豪華な招待所に泊めてくれました」と答えた。

その後の彼の言動を追ってみると、一級の工作員の働きであった。私は、北朝鮮に招待された行った人たちの宿泊所さえ分かれば、その人のランクが分かる。

日本人に仕立てるために、日本人を起用するのであって、他の外国人も拉致された人は少なくない。

外国で起きた拉致事件では、七八年の春、レバノンで四、五人の女性が北朝鮮のレバノン人工作員男性に平壌に拉致されたことがあった。

当時、北朝鮮とレバノンは国交こそなかったが、首都ベイルートにあった北朝鮮通商代表部を通して厳重に抗議。この結果、北朝鮮側は女性たちが北朝鮮にいる事実を認め、七九年秋に、全員が無事、帰国することができた。

同国の新聞報道によると、女性たちは平壌で軍の諜報員養成機関に入れられ、柔道や空手などの格闘技や、通信、暗号解読といった訓練を受けさせられたという。

日本人拉致は、もっと恐ろしい要素が隠されている。ヨーロッパで日本人を拉致した裏には、日本のパスポートを手に入れるという目的もあった。それは、日本国内で拉致された被害者のパスポートを工作員が使用していたことでも実証ずみである。日本のパスポートは、世界でも信用度が高い。しかも、日本人と朝鮮人は顔形が類似しているから、怪しまれずに工作できる。ニセドルや麻薬などの事件でも分かるように、北朝鮮は国家ぐるみで犯罪をしている国だ。写真を貼り替えるぐらいのことは、朝飯前だ。

筋金入りの工作員を養成するには、二十年かかるといわれている。拉致された人の戸籍をそっくり盗むこともさることながら、日本人と工作員を結婚させて、工作員であることをカモフラージュする。最終的手段は、子供をつくることである。生まれてきた子供を工作員に英才教育をするのだ。まさかと思うだろうが、本当の話だ。

中国の日本人残留孤児が、一時帰国して肉親探しをしている。人道的行為にまぎれて、中国人を日本人に仕立てあげるために、工作員が紛れ込んでいると囁かれているほどだ。

日本人拉致事件は、重大な人権侵害であるとともに、日本国の主権侵害である。国民は国家によって保護されなければならない。

日本国は金日成徒党に対して、一億二千万人の声をさらに大にして抗議するべきだ。

日本人妻里帰りは、三十四億円の食糧援助という、とてつもなく高い切符を買うことによって、第一陣十五人の一時帰国が実現した。

一方、七件十人と日本政府も認識する、北朝鮮工作員による日本人拉致疑惑事件は、日本政府の追及や、日本の世論の声に応えるどころか、かえって居丈高に居直っている。

自民、社民、さきがけ各党の与党訪朝団が先頃、日本人妻里帰りとすれ違うように北朝鮮を訪問した。与党訪朝団は朝鮮労働党との全体会議の席上、日本人拉致疑惑の解明を迫ったところ、労働党国際部長の金養建（キムヤンゴン）は、

「拉致疑惑は虚偽のでっち上げで、まったくでっち上げのためのでっち上げだ。関係がないことが議題に出ると、われわれを刺激する。これ以上取り上げないでほしい。両国間の人道問題をいうならたくさんいいたいことがあるが、非生産的な議論は望まない」

と、全面的に否定した。

北朝鮮拉致疑惑日本人救援議員連盟の会長を務める中山正暉自民党衆議院議員は、

「国交正常化の扉を開けるための拉致疑惑解明は重大な問題として聞いてもらいたい。超党派で拉致議連を百五十人で組織し、私は会長としてこの問題に触れないわけにはいかないと思っている。私を受け入れてくれたことを喜んでいる。日本の警察が把握している〝七件十人〟についての拉致疑惑を、警察白書で発表している」

と、反論、全員の氏名を読み上げると、最高人民会議代議員の南順姫（ナムスンヒ）は、

「黙認できない。拉致は南朝鮮（韓国）やアメリカがやったことではないか。金大中（キムデジュン）事件の例もある。日本は拉致というが、日本の従軍慰安婦や朝鮮人強制連行問題をいわざるを

●国家的犯罪、拉致を許すな

えない」

と、激しく応酬。会議は一時、険悪な状態になったという。

疑惑解明をめぐって、北朝鮮側は頑なな姿勢を取り続けるばかりで問題を解決しようとする態度はまったく見られなかったと伝えられている。

北朝鮮は、拉致問題を懸命に避けながら、

「一般行方不明者として、調査に努力する用意がある」

といったが、この発言には大きな矛盾がある。

あの北朝鮮で、国家が掌握していない〝外国人〟が存在するはずがないし、日本での行方不明者をどうして北朝鮮政府が探す必要があるのだろうか。〝一般行方不明者〟といういい方は、まさに、そういう人がいるということをはからずも証明してしまったといえる。

また、もし仮に〝行方不明者〟が見つかったとしても、その人物が「私は拉致されました」などと告白できるだろうか。村越武志さんが、与党訪朝団と面会したときの言動がそれを証明している。もし、告白すれば、これまでの北朝鮮当局の発表は根底から崩れるのだから、そんな情報を日本側に通知することはありえない。

与党訪朝団が拉致疑惑問題に厳しい態度で臨んだことは評価できるが、今後も北朝鮮は拉致を認めることはない。いったい、どこで、どう、調査に協力するというのか。拉致疑惑問題は、日本の国家主権にかかわる問題である。解明、解決には断固たる姿勢で臨んでもらいたい。拉致問題で誠意を見せなければ、アメリカや国連からの要請があっても、北へは一文も出さないことだ。

先の北朝鮮訪問で、社民党の書記長と自民党の副幹事長が、金容淳と個別に会っている。うがった見方をすれば、日本側の入れ知恵ではないかと疑う人もいる。

この件に関しては、裏交渉はご法度にしてもらいたいものだ。

基幹産業としての犯罪奨励

国家犯罪という言葉はあるが、国が犯罪を「業」として奨励する金日成徒党が支配している北朝鮮は、まさしく犯罪国家だ。麻薬、偽ドル、密輸、拉致をはじめ、大犯罪を国家ぐるみで、産業としてやってのける国は、歴史上、現在の北朝鮮を除いて例がない。

犯罪で得た収入を予算にもくろみ、その稼ぎの多寡で地位が保障され、将来が約束される国など北朝鮮を除いて、今後も存在することはないだろう。

無法国家である金日成徒党の北朝鮮には、法律もルールも規範もない。産業が未発達で、ミサイルや武器（これも違反）以外、さしたる輸出品のない北朝鮮にとって、犯罪ビジネスは対韓、対日、対米工作の財源と外貨獲得の格好の手段である。

日本では偽札など間尺に合わない。ところが偽ドルは北朝鮮の国家犯罪の一方の主役である。まさか、日本まではと思っていたところ、九七年六月、北朝鮮が関与した偽ドル事件が富山県で起こった。

三種の悪事——偽札、密輸、麻薬

事件のあらましは、偽一〇〇ドル札九百八十枚を八百三十万円で密売したというものである。偽ドルを日本に持ち込んだ在日朝鮮人は、国外に逃亡したということだが、この容疑者は、これ以外にも九万ドルの偽ドルを日本に持ち込んでいる。規模は小さいが、とうとう日本にも本格的に上陸してきた。

このほか、元日本赤軍の田中義三容疑者と北朝鮮が絡んだ「スーパーK」事件は、国際的に注目を集めた。この事件は九六年一月、タイのリゾート地パタヤで偽一〇〇ドル札九〇枚を換金しようとしたタイ人逮捕がきっかけだった。証言をもとに捜査を進めたところ、同年二月、田中容疑者とカンボジア系日本人が浮かび、二人が共同経営する貿易会社の田中容疑者の机の中から、偽一〇〇ドル札約十二万ドル分を押収した。さらに、三月には、ベトナムとの国境にあるカンボジア検問所で、プノンペンの北朝鮮大使館所有の外交官ナンバーの乗用車に北朝鮮外交官旅券を持つ北朝鮮外交官が、三百万ドル分の偽ドルを所持して逮捕された。

一連の事件で押収された偽ドル札はすべて「スーパーK」だった。この事件、北朝鮮は関連を否定しているが、関与していることは明白である。

「スーパーK」は、アメリカ財務省によると、九〇年にレバノンで初めて確認された偽ドルで、それまでの偽ドルとは違い格段に質が精巧で、国家造幣機関レベルの設備と技術が用いられている。その後の追跡調査では、アメリカではドル紙幣を改良、変更したにもかかわらず、微妙な欠陥も数回にわたって修正され、わずかな期間で、偽ドル作りの技術は新紙幣に追いついてしまった。

●基幹産業としての犯罪奨励

九一年三月に韓国に亡命した、金日成のフランス語の通訳を担当したことのある、駐コンゴ北朝鮮大使館の高英煥（コヨンファン）元参事官は、「北朝鮮が偽ドルを偽造し始めたのは七〇年代からで、当初は本物の一ドル札を大量に集め、レッドマーキュリーという液体に浸し、印刷を剥がし、白紙になった紙幣に一〇〇ドルの図柄を再び印刷した粗悪なものだった」と語っている。

北朝鮮が本格的に偽ドル製造に入ったのは八〇年代からで、初めは治安を担当する社会安全部の管轄下で、平壌にある商標印刷工場で偽造していたが、やがて最高機関である朝鮮労働党が関与。

韓国の国家安全企画部が亡命者の証言をまとめたところでは、八四年に金正日の指示で偽ドル製造と流通を担当する「一〇一連絡所」が平壌郊外に設置され、年間一千万ドル以上の偽造がされたという。

偽ドル製造と偽ドルによる外貨稼ぎは、九〇年代に入り、本格化した。

九四年六月、金日成死去直前のことである。

マカオは、平壌と直航便で定期的に結ばれており、北朝鮮の工作員が大量に活動する国際舞台だ。そのマカオで、金日成・正日親子御用達の北朝鮮の貿易商社から、約二十八万ドルの「スーパーK」が押収され、外交官旅券を持つ代表者の商社が摘発されたのが、今日の前兆を示す事件だった。タイとマカオの「スーパーK」は、アメリカ財務省の捜査官は、同一のものであることを証言している。

偽ドル製造は、完全武装した国家安全保衛部員の厳重警備下、大規模な秘密工場で印刷されているようだ。印刷機は旧東ドイツとスイス製で、インクは日本製だという。ここでは、偽ドルに限らず、パスポート、韓国の住民登録証をはじめ、公的証書にいたるまで偽造しているという。現在、「スーパーK」は、総額で七百億(約八兆二千億円)相当が世界に流通しているといわれている。韓国の国家予算は日本の十分の一、北朝鮮は統計に出ないが、韓国の十分の一と推定されている。北朝鮮の国家予算の十倍もの額が流通しているのだから、恐ろしい数字である。

●基幹産業としての犯罪奨励

北朝鮮ではマネーロンダリングのことを「偽ドルの洗濯」と呼ぶ。どのような方法をとるのかというと、主に輸入決済代金にする。輸入品を再び外国に輸出して、相手国から決済代金を受け取る。富山県の例のように、工作員が額面より安く(卸値)売り、受け取った日本円を再度、ドルに交換して送金するのだ。

北朝鮮には、この「スーパーK」を使った外貨獲得ノルマがある。ひとつは、日本の在庫製品などを超安値で仕入れ、アフリカ諸国に輸出したり、東南アジア産の米を北朝鮮米だと偽って、これもアフリカ諸国に逆売り貿易として外貨を稼ぐ。

もっともポピュラーで広範に行われているのは、世界各国にある北朝鮮の在外公館の、とくに大使館の大使を筆頭に外交官に課せられた「ポッタリ・チャンサ」(担ぎ屋、闇屋)という名の密輸だ。

彼ら外交官は、外交特権を利用してウィスキーやタバコをはじめ、国によって関税率の高い物品を非課税で買い漁り、それらを密売しては差額収入を得ている。さらに、ワシントン条約に抵触する国際保護動物の、例えばサイの角など、少量でも高価な漢方薬にするものを、通関時に荷物の中身を調べられない外交特権を悪用して闇商売に精を出している。

普通、買い物をすれば金は減るものだが、彼らの場合、買えば買うほど金が増える。なぜなら、ある品物を偽一〇〇ドル札で買い、それを六〇ドルで売れば、ドルが本物に化けるからだ。額の小さな商売でも、数をこなすから莫大な金額になる。外国にいる北朝鮮の大使級の月給は三〇〇ドル台が相場で、今はほとんど送金もなく、自給自足を強いられているといわれるが、なぜか彼らは羽ぶりがいいという。

これらの偽ドルを使った、犯罪ビジネスのマネーロンダリングで得た収入を、「精誠金」という。「精誠金」という言葉は、金正日の時代になって生まれた。これは、金正日に捧げる上納金で、外貨稼ぎの担当機関を大聖総局といい、大聖総局を海外では大聖商社という。この大聖商社から、北朝鮮唯一の在外銀行であるオーストリアの金星銀行（通称ゴールド・スターバンク）を通し、大聖銀行に入り、さらに金正日の秘密資金を管理運用する、朝鮮労働党財政経理部第三九号室に納められる。

「精誠金」は、いかなる手段で得ようと、多ければ多いほど、その人は忠誠度と孝性の高い人と評価され、額に応じた等級の勲章と表彰状ならびに賞品が与えられ、昇進と将来が約束される。

日本を侵し始めた覚醒剤

中国では、今、北朝鮮産とおぼしき麻薬が急増し、大きな社会問題に発展している。日本では、去る九七年四月上旬、宮崎県日向市の細島港で北朝鮮船籍の貨物船「チ・ソン二号」から、七〇キロ、末端価格にして約百億円にものぼる覚醒剤を押収し、関係した容疑者を逮捕した。

この事件は北朝鮮の人民武力部（国防省）が中心となった国家ぐるみの犯罪である可能性が極めて濃厚なことが、関係筋の証言などから明らかになった。

覚醒剤密輸を請け負ったのは、北朝鮮の貿易商社「綾羅（ルンラ）８８８（パルパルパル）貿易商社」で、軍の工兵局が同社を通じ「チ・ソン二号」に依頼。在日朝鮮人が経営する商社が、荷受け会社になり、日本国内の取引きを担当したという。この商社の経営者は、これまでも朝鮮から武器や覚醒剤を密輸して、関西の暴力団に売りさばいていた。

「綾羅８８８貿易商社」は、日本企業とも一時期、取引き実績のあった商社だが、金日成の直属商社として知られており、金日成死去後は金正日の御用商社として知られている。また、軍の仕事もしている北朝鮮の裏の顔を代表する総合商社だ。

覚醒剤の出所との疑いが強い人民武力部工兵局は通常、国内の軍関連施設、トンネル、橋、道路などの建設土木工事を任務としている。しかし、北朝鮮という国は、計画を発表したら命令を受けた側は、計画どおり実行しなければならないという絶対服従の国だ。経済が破綻しているなかで、建設資材や機械を自力で調達するためには、犯罪に頼らざるをえないのだ。

北朝鮮の麻薬は一九八五年頃から、外貨獲得のために、江原道（カンウォンド）、咸境北道（ハムギョンブクド）、両江道（リャンガンド）などで、大規模なケシ栽培がされており、羅南（ラナム）にある製薬工場には阿片の生産ラインがあり、九二年にはこの工場だけで三トンの麻薬が生産されたといわれている。

九二年のケシ栽培面積は一三〇万坪だったが、その一年後には一千二八〇万坪に栽培面積が拡大され、生産高は一挙に十倍まで増えたとみられている。現在の生産量は約三〇トン、「チ、ソン二号」の七〇キロの麻薬が末端価格一〇〇億円だったのを基準に単純計算すると、日本円にして四兆二九〇〇億円にもなる。偽ドルに次ぐ大国家産業である。

金王朝の北朝鮮はまさに麻薬大国だ。

こんな国とまともにつきあおうとあなたは思うだろうか？

朝鮮人である私が、金王朝の北朝鮮を認めないのが分かっていただけたと思う。

●基幹産業としての犯罪奨励

第五章

嘘で固めた「幻の国」だから
軟着陸は不可能

豆満江を渡って脱出しようとして死んだ北朝鮮の人たち

まだ金日成の嘘を信じている人がいる

私は、金正日は、金日成の跡を簡単には継げないといい続ける一方で、北朝鮮の軟着陸などありえるはずがないと、こちらも強く主張し続けてきた。

アメリカや日本の政府は、頭だけで考えているから、「なんとか支援をしながら、少しずつ開放させていけば……」というシナリオになってしまう。

再び、三たび繰り返そう。北朝鮮は、金日成・金正日王朝である限り、軟着陸は不可能なのだ。それは、嘘で塗り固められた「幻の国」だからである。

普通の国なら、例えば、中国にせよ、ベトナムにせよ、ある意味ではソフト・ランディングだ。ロシアも含めて、そういう前例があるから、日米の政府関係者は、北朝鮮も同じようにできると思っている。

しかし、その認識は決定的に違う。毛沢東やスターリン、ホーチミンは自分の経歴に嘘がないし、あったとしても国を揺るがすほどのものではない。むろん、世襲もしていない。

金日成は虚偽の鎧(よろい)で身を固めてきたから、毛沢東やスターリンの死後、批判されたことに死ぬほどの動揺をした。これは、息子に跡を継いでもらわないと、すべて暴露されてしまう。そうなれば、自分の栄光など、北朝鮮の歴史から抹消されてしまう――そう確信した。

金日成が〝神〟でいられるためには、情報操作と情報遮断、そして、世襲しかないのだ。ということは、北朝鮮も、金日成・正日一派でない人が政権をとるなら、ソフト・ランディングはできるはずだ。それを、息子とその側近たちの何人かが力づくで政権を世襲してしまったからできないのだ。こういう状態でソフト・ランディングをすれば、北はその日に崩壊する。そんなことは金正日一派は百も承知だから、情報を外部には一切もらさず、人民には一切流さず、体制維持に走っているのだ。

そんなことが、どうして分からないのか、私には不思議でしようがない。

●まだ金日成の嘘を信じている人がいる

金日成の存在そのものが、デッチ上げの産物であることは、北朝鮮研究をしている人なら、誰でも知っていることだと思っていた。

ところが、最近出版された書籍でも、いまだに北朝鮮の主席だった金日成は偽金日成であるということを認めないような記述があるのを知って驚いた。

私は、金日成の登場に多くの嘘があることを何度も書いてきたが、初めて知る読者もいるだろうから、再度、真実に触れてみる。

そもそも、「キム・イルソン」将軍の名は、日本が朝鮮半島を支配していた時代の当初から、傑出した抗日の闘士として、人口に膾炙（かいしゃ）されていた。朝鮮民族にとっては「キム・イルソン」は救国の英雄であり、彼が、必ず、自分たちを日本から解放してくれると信じられていた。

しかし、それは、あくまでも、人々の間に伝えられた〝噂〟にすぎなかった。なぜなら、朝鮮を植民地化した日本は、「キム・イルソン」の存在を認めることは、朝鮮人に勇気と期待を与えるという判断があったのか、彼の記録を一切残していない。このことによって「キム・イルソン」は実態を知られることのない伝説の英雄になってしまったのだ。

そこにつけ込んだのがソ連だった。「キム・イルソン」伝説については、その史実を丹念に調べ上げた李命英（イミョンヨン）の『四人の金日成』に詳しい。

《その昔、「キム・イルソン」将軍という人が紛れもなく実在したということを裏付ける事件(?)が、たまたま一九四五年十月十四日におきた。

この日、平壌公設運動場で「ソ連軍歓迎平壌市群衆大会」が開かれた。その大会で金日成将軍が紹介されるとのことであった。早朝から市民たちは、「伝説」的な将軍、勇敢な老愛国闘士を歓迎すべく、列をなして運動場につめかけた。間もなくソ連占領軍の紹介で壇上に立ったのは、意外にも三十歳前後の人物であった。瞬間、群衆の間に微妙な空気が流れ、やがて市民たちは口々に〝イヤ、あれは「キム・イルソン」将軍じゃない。ありゃ偽せ者か。偽せ者だぞ〟と否定した。それもそのはず、彼らが「キム・イルソン」将軍のことを聞き知ったのは、ずっと昔のことであり、それから数えても五十の坂は越しているはずであったからだ》

これだけは見過ごせない五つの嘘

むろん、この偽せ者が北朝鮮の国家主席となった金日成である。彼は、ソ連から作り上げられた金日成であり、不法な手段で「首相」になったことは、序文でも書いた。

『四人の金日成』のなかでは、金聖柱(金日成の本名)の経歴で、重要な点が五つあると指摘している。『四人の金日成』は、私が出版社を起こした一九七六年に、李命英の熱意と、その研究価値の重さに、意を受けて出版したものだ。

李命英は韓国では、政治学博士、大学教授として、その存在は広く知られているが、日本では、あまり世に知られることのない彼の文章を正確に再現することが、彼にとっても望むところであろうし、真実を知ってもらうために、重要な五点をここに紹介してみたい。

途方もなく飾り立てている、でっち上げられた金聖柱の経歴の中で、最も基本的であり、最も重要な見逃せない部分は、だいたい、五つに分けられる。その一つは、金(キム)聖柱(ソンジュ)の本名は、「金成柱(キムソンジュ)」であるとしており、一九三〇年から、その仲間たちから「金日成」と呼ばれていたとしている主張だ。こうした主張が、全く嘘であるということを、本書の第五章で詳しく究明した。彼の本名は、「金成柱」ではなく「金聖柱」であり、一九三〇年の秋、五家子(オカジャ)で「金一星(キムイルソン)」という別名をつけて貰ったことはある。

ソ連の第八八特別偵察旅団にいるとき、彼は「チン・リ・チョン」という中国名を使っていたが、「キム・イルソン」と呼ばれたことはなかった。

「金日成」という名を用いるようになったのは、一九四五年の解放後、平壌にやってきて、ソ連のベリヤ麾下の情報部のたくらみで、そう呼ばれることになったのである。

●まだ金日成の嘘を信じている人がいる

本名が「金成柱」で、「金日成」という別名を用いた人は他にいた。この人は、満州の中共党遊撃隊である、東北抗日連軍第一路軍第二軍第六師長であった人物で、一九三七年六月四日の夜、甲山（カプサン）郡普天堡（ポチョンボ）を襲撃して有名になった人であるが、その年の十一月十三日、彼は戦死した。この人が死んでから、ソ連から派遣された、もう一人の人物が「金日成」を襲名したが、この二代目金日成は、一九三〇年五月三十日の間島（カンド）暴動事件のとき、龍井（ヨンジョン）の大成（テソン）中学校の学生で、「金一星」という名で暴動の先頭に立ったその人物である。彼は、東北抗日連軍第一路軍第二方面軍長になっていたが、一九四〇年の十二月、ソ連へ逃げこんで、オケアンスカヤの野営学校の責任者になっていたが、解放前、そこで死んだ。したがって、金聖柱は、一九三〇年代後半において、中共党遊撃隊の一隊長をしていた、この二代にかけた二人の「金日成」とは、全く別の人物であるのだ。

作り物の金聖柱の経歴で、二番目に重要な点は、彼が満州で、朝鮮人共産主義者たちの武装部隊を組織して、抗日闘争にのり出したのが、一九三〇年であり、それ以来、解放のときまでの十五年間にわたって、おおよそ十万余回もの戦闘をやって、百戦百勝の勝利を収めた、としている主張だ。

その次、三番目に重要な点は、彼がひきいたとするところの、武装部隊の名が「朝鮮人民革命軍」であった、としている主張だ。第二章でも明らかにした通り、朝鮮人民革命軍という、朝鮮人共産主義者の武装部隊は、満州のどこにも存在していないのである。「朝鮮革命軍」は、金聖柱とは何らかのかかわりもなかった。朝鮮人民族主義独立軍が、一九二九年から一九三八年まで満州において、粘り強く武装抗日闘争をやっていたことはある。また、中共党満州省委員会が指揮した、東北人民革命軍というのがあって、後に、東北抗日連軍と改名されたが、朝鮮人共産主義者たちが、武装活動をやったとすれば、みな、これに加わっていただけである。金聖柱も、この部隊の一隊員になっていたのだ。この東北抗日連軍というのは、名称が示す通り中国の東北地方（満州）を解放するための遊撃軍であって、朝鮮独立のための軍隊では勿論なかった。それにしたところで、金聖柱の東北抗日連軍生活が、十五年間になりようがない。中共党のこの遊撃隊の最初の部隊ができたのは、一九三三年の九月十八日だったのであり、金聖柱が所属していたその第二軍ができたのは、一九三四年の三月であり、金聖柱が隊員としていた第二方面軍長の金日成部隊が、ソ連へ逃走したのが一九四〇年の十二月であったから、いくら長くみつもってみたところで、金聖柱の部隊生活は、約六年間しかならないのである。六年間だろうが、十五年間だろうがは、さておくとしても、そもそも戦闘回数がおおよそ十万余回だった（白峰（北朝鮮）著『金日成伝』）とする主張は、逆立ちしてもありようがない、途方もない嘘である。これらの部隊は、日満軍警との戦いよりも、食糧と衣服の収奪に明け暮れしていたのである。そればかりが、唯一の補給方途だったからである。

金聖柱のでっち上げられた経歴の中、四番目に重要な点は、彼が、「祖国光復会」という反日民族統一戦線の組織をつくって、その領導者になっていた、としている主張だ。「祖国光復会」の本当の名は「在満韓人祖国光復会」である。これは、中共党中央の指示と満州省委員会の指示を受けた、東満州特別委員会の書記であり、東北抗日連軍第二軍党政治委員であった魏（ウィ）ジュンミンが、東満特委の委員であり、第二軍党政治主任であった呉成崙（オソンリュン）に命じてつくらせたものであった。同会の宣言綱領も、呉成崙が中心になって起草したものだ。金聖柱は、この呉成崙がやった役割を、自分がやったことのようにすり替えて、それを、彼の政治的闘争の実績のように宣伝しているが、これまた、まったくのでっち上げである。

でっち上げた金聖柱の経歴の中で、五番目に重要な点は、彼が、普天堡を襲撃した張本人である、としている主張だ。繰り返して明らかにしたように、普天堡を襲撃した人物は、東北抗日連軍第二軍第六師長の金日成（本名金成柱）なのだ。彼は、その年の十一月十三日に射殺されている。当時彼の年は三十六歳であった。金聖柱はその当時、二十五歳にしかなっておらず、たしかにその部隊の隊員であった証拠もない。金聖柱は、他人が隊長となってやったことを失敬して、自分がやったことのように主張し、これを、彼の軍事的勝利のシンボルとして掲げている。

だが、北朝鮮にはこの普天堡襲撃に参加した、かつての金日成部隊の隊員が生き残っているにも拘らず、正真正銘の闘士たちは、金日成になりすました金聖柱によって追放されて口を塞がれたままになっている。

これだけ読んだだけでは、過激な暴露本と思う人がいるかもしれない。しかし、一冊通して読んでいただければ、金日成に理があるかどうかは、すぐ判断できると思う。

金日成は、ソ連の指導により、こういう偽りの過去を作り上げた後、厚顔にも〝さっそうと〟平壌に乗り込んできたのだ。こんな人間が、国を解放できるはずもなかったのだ。

この親にして、この子あり

金日成は、でっち上げと学習（歴史の捏造）により自分自身の神格化に成功したものの、息子・金正日を後継者と認めさせるには、相当の苦労があったはずだ。

金正日の無能さを側近さえも口に出すほどだった。むろん、口に出した者はすべて抹殺されている。

●この親にして、この子あり

能力がなくても、後継できる方法とは？

金日成は、後継者の最大そして唯一の条件として、自分への忠誠心を上げたのだ。そして、金正日が自分に対して、世界中の誰よりも忠誠心が高いと宣伝し続けた。

日本でも発行された北朝鮮の元外相・許錟（ホダム）の手による『金正日書記の人間像』にも、それを裏付ける金日成の発言が山のようにある。こんな具合に息子をほめ讃えている。

「金正日組織担当書記は、私にもっとも忠実な私の唯一の後継者である。マルクスにたいするエンゲルスの忠誠心やレーニンにたいするスターリンの忠誠心も、私にたいする金正日組織担当書記の忠誠心には及びません。だから私は、金正日組織担当書記を非常に愛して高く評価し、わが革命の将来にたいして安心しているのです」(一九八六年一月二十一日)

「私に喜びと満足を与えるために働くことを、自らの唯一の人生観と定めている組織担当書記の忠誠心には限りがありません。彼の領袖観はむろん、人生観も私にたいする忠誠心に満ち、一貫しています。金正日組織担当書記は一言で言えば、忠誠の最高化身です」(一九八六年十月八日)

そして、極めつきはこれだ。

父は子を太陽といい、子も父を太陽という

——主席は輝く太陽を見ながら言った。

「金正日同志はあの空の太陽だ。太陽の輝く朝鮮の未来は明るく洋々としている」

なんとまあ、涙ぐましいばかりの親バカぶりであろうか。しかし、〝神様〟がこういっているのだから、反論はできない。ただ、要するに、跡を継ぐにふさわしい親孝行ものだといっているだけなのだ。社会主義社会だといっても、実際は、封建的儒教社会だから少しは通用した論理だったのだろうか。

しかし、息子はさらに〝凄い〟。この本の著者（許錟、一九九一年五月死去。金日成の遠い親戚にあたるといわれる北朝鮮の元外相）との問答をのぞいてみよう。

「書記がもっともうれしいと思うのはどういうときですか？」

彼は明るい笑みを浮かべながら次のように答えた。

「私は主席様が喜びと満足の微笑を浮かべられたとき、もっともうれしく感じます。主席様の喜びは私のもっとも大きな生きがいであり、幸せであり、喜びです」

「書記はどのようなとき、もっとも苦痛に感じられますか？」

「主席様が心を痛められているとき、もっとも苦痛です。主席様の心慮と心配事は私のもっとも大きな苦痛です」

「書記はどのようなとき、もっとも満足するのですか？」

「主席様の高い権威の前で世界の人々が感嘆し頭を下げるとき、私はもっとも満足です。

●この親にして、この子あり

主席様の権威はわが党の権威であり、わが人民の権威でもあり、祖国の権威でもあります」

「書記はどのようなとき、声を荒らげるのですか?」

「幹部たちが主席様に心配をかけ主席様の恩に報いなかったときにはむろん、主席様の前で嘘をついたとき私はもっとも声を荒らげます。私は主席様に心を許さず別の夢を見ている者たちをもっとも憎みます」

「書記は多くいる偉人のなかで、誰に学ばなければならないと思いますか?」

「主席様の思想と理論、主席様の風貌と趣味に学び、真似なければなりません。主席様の思想と理論、主席様の領導風貌と人徳は天下第一です」

「書記のもっとも切実な願いは何ですか?」

「主席様の安寧と万年長寿は私のもっとも切実な願いです。誰よりも多くの苦労をされた主席様がいつまでも健在で万年長寿され、何の心配もなく過ごされることが私のまたとない願いです」

「書記の座右銘は何ですか?」

「主席様は人類の太陽であり、金正日は太陽の戦士です」

もしかしたら、戦前の日本だったら、この問答を美談と思う人がいたかもしれない。いや、いくら戦前の日本でも、ここまでいわれりゃ、鼻白んだことだろう。天皇制ではなく、政治制度としての総書記であり、国家主席であるということをまったく考えていないのだ。

天皇制に憧れていたという金日成

天皇制といえば、金日成は生前から、万世一系の日本の天皇制に憧れを抱いていた。親孝行の正日は、父の願いを叶えるべく、無理に一年延長した三年の喪が明けると、金日成の誕生日を「太陽節」と称し、一九一二年四月十五日を元年とする「主体年号」を制定した。日本の皇紀にならったことは想像に難くないが、全世界が西暦が主流になっているのに、時代錯誤もはなはだしい。しかし、こうして親を奉(たてまつ)り上げることによってしか、自分のアイデンティティを見出しえないのだ。

九七年九月十五日の「労働新聞」は、金正日が父親のことを思って、夜も眠れず、夜中や早朝に自分でハンドルを握っては、かつて金日成が車で通った平壌市内の道路を何度も何度も走ったと、美談仕立てで書き立てている。

これは、美談どころか、最高権力者の座に就こうかという者が、飢死寸前の国民に食糧配給もできない責任をまったく自覚していないということの証明にしかすぎない。困った国である。

金正日について、もう少し触れてみよう。

金日成の時代は、混乱の時代、戦争の時代だったから、それに乗じて〝神話〟は作りやすかったとはいえる。金正日の時代になると、もう経歴詐欺はできにくくなっていた。

それでも、誕生神話だけはでっち上げた。

一九四二年二月十六日、金正日は、ソ連のブヤツコエ村で生まれている。

しかし、今の北朝鮮では、朝鮮民族の始祖といわれる檀君(タングン)の降臨の地、白頭山(ペクトウサン)で生まれたと教えられ、誰もが信じている。

白頭山を訪れる人々には、ガイドが大声でこういっている。

「樹海を激しく揺り動かしていた猛吹雪も、歴史的な誕生の瞬間、ピタリと収まり、あたりは静寂に包まれた。そして、朝日が将軍様のようにそびえ立つ「正日峰」を真っ赤に染めた。人類の太陽である金日成首領のもとに正日大将軍が誕生あそばされた。大将軍は龍馬にまたがり、剣を振りかざし……」

これは、講談を聞くようである。

金正日については、正確な情報が取りにくい。人に会うことを極端に避けているからだ。殺されるかもしれないという不安で、外に出られないのだという人もいる。彼の臆病さは有名らしい。そういえば、軍隊に出かけたときの写真は、いつも、金日成の隣にいるし、一人だけの写真は少ない。必ず側近がついているといった写真ばかりだ。

会ったといっている人の証言もまちまちだ。

身長は一五八センチという人もいれば、一七〇センチ近いという人もいる。影武者がいることは間違いないが、どれが影武者の写真なのかも分からない。

声からして、九二年の「人民軍に栄光あれ」しか、外に流れていない。会った人には、カン高い声という人もいれば、落ちついた低い声という人もいる。いうことが、支離滅裂で演説ができないという説もあれば、論理的にしっかりとした話し方をするという証言もある。これでは、同一人物とは思いにくい。状況に合わせて、適当な影武者を出しているというらがった見方さえできてしまうほどの情報の混乱ぶりだ。

●この親にして、この子あり

しかし、アメリカが分析しているように、かなりの病気（これも糖尿病説から精神的障害説まである）で、長い執務には耐えられない。だから、外交的にどうしても人と会わなければ務まらない国家主席にはならないだろう——というのが正しいのかもしれない。

いずれにせよ、政策も人心掌握もできない金正日が、政権を維持するのは、相当の困難を伴うだろう。唯一できることといったら父親以来の嘘を隠し通すことぐらいだ。「南朝鮮」解放など、とてもできない相談ということだけは確かだ。

写真を見ると、金正日はジャンパー姿が多い。背広では体型が出てしまうので、体型の出にくいジャンパーを愛用しているのだという人もいるが、彼は、もっと積極的な意味で着ているようでもある。

「私はジャンパーが好きです。着るにも便利だし、仕事にも便利です」といっている。そして、自分は世界の流行を追うのではなく、自分の着たものが流行になることを望んでいるともいっている。それなら、国内の情報もどんどん外に出してもらいたいものである。

金日成存命中、父親に随行する金正日の写真を見ると、いつも父の前で後ろ手を組んでいる。朝鮮の風習では、親の前で、後ろ手を組んではいけないことになっている。なぜなら、罪人を縛るときは、必ず後ろ手に縛るからだ。親の前で、後ろ手を組むことは非常に親不孝になる。同時に不敬でもある。そのため、朝鮮では、昔から、常識のある家庭ではタブーである。金正日は親孝行といいながら、その実、平然と親不孝をしているのだ。

終章

北朝鮮はどこに行く。そして統一は

アメリカが人工衛星で写した朝鮮半島の夜間写真。左は1986年1月、右は1996年1月の状態。

'96年の写真では、韓国が全国的に明るいのに対し、北は平壌だけがポツンと光っている。一般家庭への電力供給は5時間以下といわれている。

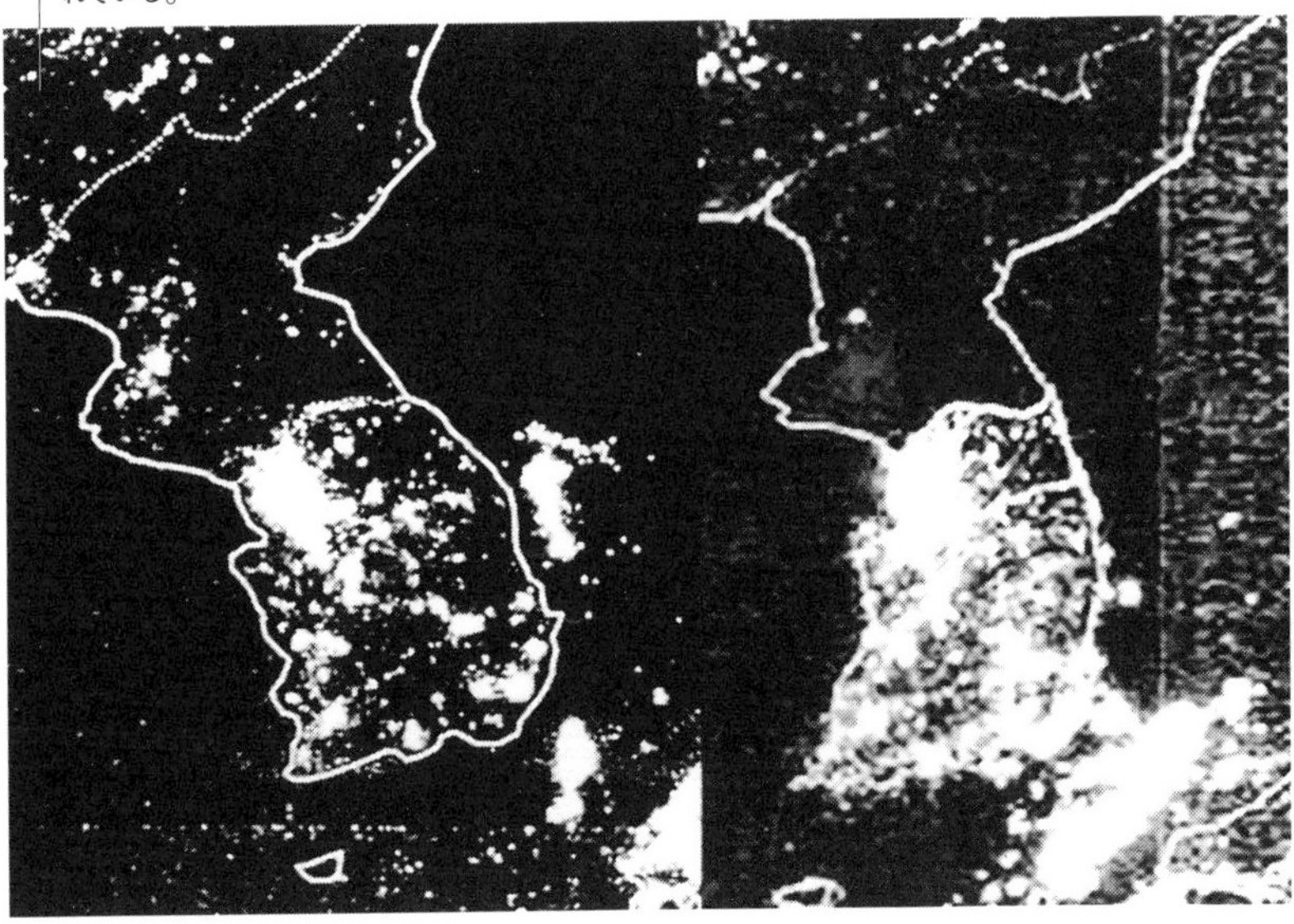

戦争も起きない。難民もこない

今、アメリカ、日本、韓国で、二つの怖い論がある。一つの怖い論は、窮鼠猫をかむ論。追いつめられて、やけっぱちになった軍が、一か八かの戦争をしかけてくるという説だ。もう一つの怖い論は、北が崩壊すれば、何百万の難民が、中国、韓国、日本に押し寄せてくる説だ。

私は、〝窮鼠猫をかむ〟のたとえのように、必ず戦争が起こるとは思わない。韓国の政情がしっかりしていれば、戦争は回避できるし、北が崩壊しても難民は韓国はもちろんのこと、日本にはこない。戦争の可能性も、難民の可能性も、可能性としてはあるが、その確率はほとんどないといえよう。

まず、戦争怖い論を考えてみよう。

核兵器の問題が第一にある。北朝鮮は、実は原爆を持っていないにもかかわらず、持っ

●戦争も起きない。難民もこない

ているふうを装って、おどかしているだけだという人もいるが、私は、北は確実に、若干の原爆を持っていると思う。

一九五六年から清川江(チョンチョンカン)の北、今の寧辺(ヨンピョン)に原爆製造のための地下工場を掘っている。なぜ分かったかというと、五七年に平壌で元南労党員で、私の下部組織にいた人に会った。当時、南労党員は、みんな粛清されて、その羽根をもがれていたのに、彼はこざっぱりした服を着ていた。それで、今、何をしているのか聞いたところ、地下工場をつくっている。そして、それは原爆の工場だと、はっきりいった。

そして、五九年には、北朝鮮とソ連は、原子力発電に関する協定を結んでいる。その翌年には、金日成総合大学で原子物理学講座が新設され、多くの研究者がソ連に留学している。だから、北朝鮮は、六〇年から原爆の研究に取り組んでいるということになる。それから、もう三十数年たっているのだから、ないというほうが不自然ではないだろうか。イラクなど、ほかの国が原爆をつくるとして、アメリカのＣＩＡなどに見つかるのはウラニウムを輸入しなければならないからだ。ところが、北ではウラニウムが採れる。自給できるので、アメリカに見つからずにつくれるわけだ。

そこで、日本でも、アメリカでも、韓国でも、原爆を落とされたら、怖いという。

原爆は持っていても、使えないのが原爆だ。

万が一、アメリカ軍と韓国、国連軍が北に攻め入った場合、彼らは使う口実ができるが、こちらから挑発しない限り、向こうが、先制攻撃で原爆を使うはずがない。もし、北が核で、日本や韓国に対し先制攻撃を仕掛けてきたら、アメリカは容赦なく、原爆で反撃するだろう。北朝鮮国土を全面的に破壊させてしまうだろう。

窮鼠猫をかむといっても、戦争のメカニズムを知っていれば、向こうが、困ったから、えいやあっと戦争を仕掛けるというのはまったく根拠がない。

いかなる軍隊でも、作戦シミュレーションをして、少なくとも九〇％の勝算がなければ戦争を仕掛けない。しかし、日本が大東亜戦争で、アメリカに仕掛けたではないかという人もいる。それとこれとは状況が違う。

当時は、日独伊三国同盟があって、日本が先制攻撃をし、ある地域を占領し、それから、ドイツがソ連を占領してしまうと、どこかの時点で、お互いに休戦する可能性があると……何らかの希望があって始めている。

今の北朝鮮には、同盟国はあっても、ともに血を流して戦おうという国はないし、ソ連も中国も助けるとは思えない。アメリカがどんな報復手段を取ろうが、北が先に核を使った場合、どの国も文句をいわないだろうし、そうなれば、間違いなく全国土と国民は潰滅する。殺されるために戦争をする軍隊など、絶対に存在しない。

だいたい、なぜ、日本に核を使う必要があるのだろうか。ミサイルを打ち込む必要があるのだろうか。日本は何の代償もとらないで、ただで、米を支援しているのに——。

私は、韓国政権がしっかりし、一九五〇年のように、たとえソウルを占領されても、釜山(プサン)まで、あるいは済州島(チェジュド)まで追いつめられても、戦う意志さえあれば、アメリカは最後まで助けて、戦争挑発者をせんめつすると確信する。

●戦争も起きない。難民もこない

もちろん、どこの国にも「仮想敵国」はあり、仮想敵国がある以上、常に戦争の〝可能性〟はある。しかし、それと戦争が起こる〝確率〟とは別のものだ。

核は、脅迫用の材料にしかすぎない。北は、核があることで、一時はアメリカを威嚇したが、逆に、問題がそこに集中してしまったために、北朝鮮の思惑は外れ、食糧援助も経済援助も思うようには進んでいない。そういうマイナス面もあるということも分かってきていると思う。核という北のエースカードは、そう何回も出せるものではない。ただ、アメリカや日本が怖い怖いといっているから、カードをちらつかせているのだ。

優秀な軍人のいる北は負け戦をしない

さらに、日本人に誤解があるのは、北は軍事国家だから、好戦的なはず、という見方だ。

北朝鮮の軍人は、軍事的には非常に勉強しているし、優秀な人間もたくさんいる。彼らは、戦争して勝てる見込みがないのにあえてするほどのバカではない。それに、軍部が一枚岩に見えているようで、決してそんなことはない。

私が聞いているのは、軍部の粛清がかなりあるということだ。九五年四月、咸鏡北道の第六軍団でも、不穏な動きがあり、軍団長だった金永春は、それを無慈悲に弾圧した功績により、その年の十月、総参謀長・次帥に大抜擢されている。今、軍部は、金正日派、革命先輩派、それからソ連に留学経験のある将校の三派に分かれている。

その三派の抗争もあるし、派とは関係なく、このままじゃこの国はダメになると国を愛し、憂える軍人もいる。それが、平壌にいる政治軍人から見れば、みんな不穏分子になるわけだ。

そこで、いつも粛清が行われることになる。例えば、九七年一月から一ヵ月間、軍規刷新月間があって、何万と粛清されている。

こんな状態では、たとえやけになっても戦争など起こせるわけがない。

戦争のできない理由は、まだある。

空襲に備えて、地下にあった武器庫が、九六年の水害で、水に浸って使いものにならなくなってしまったという情報もある。大砲も弾薬も、軍の備蓄米も一度水浸しになれば、使えないだろう。

兵隊たちの士気も相当、衰えているようだ。

北朝鮮軍は七年間服務することになっているが、訓練の環境がひどい。洞窟の中で、何も食べる物もないし、女っ気もなしということで、もう飽き飽きしているという。

それに、将校と兵卒では待遇にかなりの差があるから、士気があがるわけがない。

軍人の一日の食糧配給は八〇〇グラムだが、最近は半分に減っている。そのためか、彼らは民間の田畑まで荒らしているという状況なのだ。

●戦争も起きない。難民もこない

湾岸戦争の後、アメリカの戦術と武器の調査研究のため、そのビデオを高級将校に見せたところ、それを見た多くの軍幹部たちは、「アメリカにはかなわない。軍事知識のない金正日が南侵せよといっても、ソウルに着く前に全滅させられる。こりゃ、平壌に行ったほうが安全だな」と、つぶやいたという情報がある。

実際のところ、今の北朝鮮軍は本当に困っている。アメリカ軍のために戦争もできないし、このままではジリ貧に陥る。結局は崩壊してしまうのではないかと、心配しているそうである。

実弾演習をすれば総書記の命が危ない

それに、戦争が起きれば、もう逃げ場がない。朝鮮戦争のときは、中国の満州に逃げ込んだが、今度は袋のネズミだ。だいたい、前の戦争のときは、韓国の不意をついたわけだ。アメリカ軍が韓国から撤退した半年後の日曜日の朝、韓国軍の将校がみんなソウルに飲みに行っていないときに奇襲をかけてきた。それでも、結局は成功しなかった。ところが、今は、アメリカ軍が駐屯し、米韓両軍は緊密な共同作戦を持って待ちかまえている。米韓両軍は北朝鮮軍よりも格段に進んだ装備を備えている。もし、戦争が起これば、十二時間以内に、制空権を失うだろう。

そんななかで、いくらトンネルを掘ったところで、勝ち目はない。

金正日政権は、金正日が「軍が、即ち、人民であり、国家であり、党である」というように、軍事独裁政権である。軍を基盤とする金正日は、北朝鮮全土にある各部隊の視察と指導に余念がないといわれている。

ところが、その一方で、部隊視察の行く先々で、金正日の身が狙われているという。地雷が埋められていたり、戦車の砲口が金正日に向けられたという物騒な情報もある。そのためだろうか、九七年四月に平壌で行われた「金日成生誕八五周年並びに朝鮮人民軍創建六五周年慶祝閲兵式」には、兵器、武器は小銃一挺たりとも出てこなかった。このときの金正日は、陸、海、空各軍の一糸乱れぬ行進に破顔満悦していた。

現在の金正日は、各部隊を精力的に視察、指導しているという情報が入る一方で、十月八日に党総書記に就任しても、一声も出さず、姿も現さず、ひたすら身を隠している。恐らく脅えているのだろう。

金正日政権は、軍が基盤であることを自ら高らかに謳っておきながら、その実、軍の内部から崩壊は始まっているのだ。

●戦争も起きない。難民もこない

人民軍の将官や将校クラスが、北朝鮮を脱出する情報が伝えられるなか、元帥に次ぐ十一人いる次帥で三番目に数えられる、李斗益(リドウイク)次帥が中国に出たまま行方不明になったと、十月に、日本の新聞にも報道された。

駐北京韓国大使館の話では、病気治療のためと亡命説を否定。同北朝鮮大使館も、大使館内に滞在している、と亡命を否定したが、信頼できるロシアの情報筋の証言では、「李斗益次帥は病気治療が目的で中国に入ったとしても、ロシアへ亡命しようとして、駐北京ロシア大使館に打診したところ拒否された」という。朝ロ平和協定を目の前にして、事を起こしたくないことも付け加えて語った。

軍の高官の脱出は、今後さらに増加するだろう。李斗益次帥の亡命計画は失敗に終わったが、金正日政権の基盤が軍からも崩れ出している証拠である。

軍事演習の回数も、最近では、半分近くに減り、演習があっても、実弾は配られていない。金正日は、実弾を配れば、反乱につながることを恐れているのだ。また、彼は、人民軍の大隊長や連隊長クラスを過去の事例からも信用できないでいるから、一個中隊（平時では一六〇名程度）を動かすにも、地域労働党の許可を必要とするようにしてしまった。これでは、軍隊の体をなさない。

戦争を始めるためには、実弾を配給しなければならないが、今、人民軍に実弾を渡してしまえば、ハイテク兵器を持つアメリカ軍に対するより、平壌に銃を向ける可能性のほうが高いかもしれない。

日本は難民も寄らない〝悪魔の国〟

次に難民怖い論について述べてみよう。

これは、とても分かりやすいことだ。金正日政権が崩壊しても難民は、日本にはこない。金日成父子は、この半世紀の間、日本を悪魔とののしり、日本国民を不具戴天の敵だと宣伝してきた。北の多くの人民は、日本を地獄だと思っているのだ。そんな悪魔の国、差別の国、言葉の通じない国に、船もないのに、どうしてやってくるのだろうか。そんな〝愚か者〟はいないと思っていい。

難民の出る原因は二つある。一つは、飢餓である。もう一つは、弾圧である。私たち朝鮮民主統一救国戦線は、金正日政権崩壊後、祖国に戻れば、まず一番に弾圧をなくす。次に国を開放して、食糧援助を受けて、一日三食は保証する。以上、二つの原因を取り除けば、難民は出ない。

また、国家再建のために、一番大切な資本は労働力である。

難民が出て、多くの人たちが外国に逃げて行ってしまえば、労働力不足で、経済の再建はままならない。豊富な労働力があってこそ、外国資本は投資するであろう。だから、難民は絶対に出ないようにする。

韓国についていえば、南北軍事境界線がおよそ二百四十キロあり、そこは鉄条網があり、両側には地雷原があり、アリのはい出る隙もない。板門店だけ閉めれば、誰一人、北から越えてこられないだろう。北の中国国境には、鉄条網がないから、難民はしばらく行くだろう。しかし、新しい政権ができて、新しい目標が立ち、食糧も保証されるとなったら、全員、戻ってくるだろう。自分の故郷を捨ててまで、見知らぬ国に行く人はいない。

これで、少しは安心されただろうか。

ところで、私は、非常にアメリカ的だと思う北朝鮮軟着陸論を日本の週刊誌で発見した。『週刊現代』九七年八月十六日号「北朝鮮から難民が押し寄せる！」と題した元ワシントン・ポスト記者が書いたものだ。

「北朝鮮の崩壊と、韓国による国家吸収は、いかなる場合でも望ましくない」

と、私は主張したい。

北朝鮮に政治的、経済的な〝軟着陸（ソフトランディング）〟をさせるのが最良のシナリオであろう。

〝軟着陸させる〟とは、北朝鮮に中国をモデルにした経済自由化を進めるよう、日米両国が働き掛けることだ。韓国による北朝鮮の吸収に歯止めをかけつつ、である。(中略)

もし、アメリカや日本などが、北朝鮮への経済制裁を続けた場合、北朝鮮政権は5年から10年で崩壊する可能性が高い、と私は断言する。経済制裁が続いた上に、日米からの大規模な食糧援助がなければ、北朝鮮政権の〝軟着陸〟は非常に難しくなるどころか、金正日(キムジョンイル)政権は危機に陥るだろう。

その場合、恐るべき事態が起こるはずだ。北朝鮮から大量の難民が韓国に押し寄せ、命がけのボートピープルが日本を目指すだろう。また、38度線も一触即発状態になり、米軍の介入次第では、〝第2次朝鮮戦争〟と呼ぶべき大惨事が起こるのは間違いない。(中略)

●戦争も起きない。難民もこない

ただ、食糧危機は思わぬ余波を生んだ。北朝鮮が市場経済を取り込む改革を始めたことだ。これは、中国やベトナムの経済改革の初期の段階によく似ている。部分的な市場経済の導入により、食糧不足に苦しみつつも、農民は自分で作った作物を自由に販売できるようになった。北朝鮮社会の大きな前進である。

日米両国政府は、この北朝鮮の経済改革を全面的に支援すべきだと私は考える。そのために、積極的に北朝鮮への援助を行い、突発的な国家崩壊を防ぐべきである。さらに、援助する食糧の量はこれまでの計画以上に増やす。これこそが、北朝鮮問題の〝軟着陸〟を生む鍵である。

私とまるで反対の見解だが、中国やベトナムを意識しているところは、残念ながら見当外れといわざるをえない。

これは、朝鮮の現実をまったく知らない、無知な見解である。

第二次大戦後、世界には三つの分断国家ができた。第一のベトナムの場合は、共産北ベトナムが自由主義南ベトナムを軍事占領によって吸収統一をした。第二のドイツの場合は、反対に自由主義西ドイツが共産主義東ドイツを平和的に吸収統一した。

第三の場合は、南北朝鮮である。北朝鮮はベトナム式に南朝鮮（韓国）を武力統一しようとしている。韓国の資本家はドイツ式に北朝鮮を平和的に吸収統一しようと思っている。

この記者の見解は、韓国資本の北朝鮮吸収統一を反対している。アメリカのソフト・ランディング政策は結果的にテロ国家である北朝鮮の金日父子世襲独裁政権を助けて、延命させようとしている。今の金正日政権が、アメリカの援助（軟着陸政策）によって、延命し、力を回復すれば、朝鮮は今後どうなるだろうか。

現在、北朝鮮の経済力は韓国に比べて、相手にならないくらい弱いのに、それでも戦争を仕掛け、武力統一をしようとしている。もし、北朝鮮がアメリカや日本の経済援助によって危機を脱して、力をつければ、必ず武力統一を試みるであろう。

一九五〇年六月、金日成が韓国を攻撃したときは、四九年度の経済統計をみれば分かるが、北朝鮮の経済は南の経済より上まわっていた。それに、このアメリカの記者の見解は、現在の金正日政権の下で毎日、数千、数万の人たちが餓死し、子供たちが飢えているのに対して、まったく無慈悲な見解である。そのうえ、アメリカ政権だって、北朝鮮には二十万人の政治犯がいるといっている。アメリカ政府も、アメリカ人も、ミャンマーや中国に対しては人権をうんぬんしているが、北朝鮮に対して、人権問題を口にしたのを誰一人、一度でも聞いた人はいないと思う。

●戦争も起きない。難民もこない

南北朝鮮の統一は、第一のベトナム方式でもなく、第二の場合のドイツ方式でもなく、第三の朝鮮では、私たちは独自の方式を真剣に考えている。

今、北朝鮮の二千万人民の大部分の人々は、飢餓と弾圧に苦しめられている。とくに二十万人の政治犯と四百万人の僻地流配の無権利な人々がいることを忘れてはいけない。

アメリカが平和と民主を愛好している国家であることを私は十分知っている。イラクに対しては武力を行使してまでも、牽制しようとしているのに、イラクよりもさらにひどい金日成残党政権に対しては、いつも笑顔をみせ、経済的に援助をし、北朝鮮を生き地獄のまま継続させようとして、国連の名を使ってまで援助している。私たち朝鮮民主統一救国戦線も韓国の北朝鮮吸収統一には賛成するものではない。

現在、金日成残党政権はアメリカの援助なしには、崩壊をまぬかれないということをアメリカ自身も、ときどき言明している。アメリカさえ、ソフト・ランディング政策をやめれば、金正日政権は内部的に自然崩壊する。

北朝鮮の弾圧された人々と私たち海外に亡命している朝鮮民主統一救国戦線は力を合わせて、北朝鮮を解放し、民主化し、国際化して新しい国づくりをする。北朝鮮を民主化し、経済再建をするには、最低十年はかかる。北朝鮮の民主化は北朝鮮人民自身の計画と努力によってなされなければならない。

例えば、北朝鮮には現在約一一〇万の軍隊がある、韓国には五十万の軍隊がある。たとえ金正日政権が崩壊したとしても、一一〇万の北朝鮮軍は五十万の韓国軍に対して、「私たちのところへきて、私たちを武装解除し、吸収してください」と嘆願するだろうか。また、韓国が北朝鮮を吸収統一すれば、今も何もない北朝鮮は韓国資本のマーケットにしかならない。生産性において、韓国人労働者よりも生産性に劣る北朝鮮人労働者たちは、同じ国になったから韓国人労働者と同一賃金を、と必ず主張するであろう。そうなれば、労働争議が終わる日はなく、内乱の起こる可能性は十分考えられることである。

私たちは北朝鮮人民の力で、自ら国内問題を解決しなければならない。それで、経済力と社会制度が韓国とある程度、近似した点に達したとき、どのような国を目指し、どのような方式で統一すべきかを話し合い、南北朝鮮同胞が一人一人、一票の投票によって、自分の意志をはっきり示して民族統一をしなければならない。

もちろん、選挙が民主的で公平に行われるよう、国連の協力と監視が必要であることを、私たちは十分に認識している。

本書に引用した、元ワシントン・ポスト記者の書いたような見解が、アメリカの見解でないことを私は望むところである。

●戦争も起きない。難民もこない

私がいいたいのは、日本もアメリカも、北の人民のことを考えるなら、また、アジアの恒久平和を考えるなら、金正日に対する支援を絶って、ほっておけばいい。北朝鮮の人々から恨まれることはしないでほしい。

アメリカや日本が、今のような政策を続ければ、金正日政権が崩壊した後の北朝鮮の政権は、アメリカや日本に反対する勢力と同盟するであろう。

金正日体制の悪あがきにつきあうのをやめることが、北の人民を救う唯一の道なのである。それも、人道を考えるなら早急に。

こちらが、先手をとって動くと、向こうを強化する結果になる。だから、時間がかかっても、自然崩壊（これは突然死になると思う）を待つべきなのである。自然崩壊したときに金正日は打つ手がない。現体制では食糧問題を解決したり、経済を復興させたりすることは、構造的に無理なのだ。

こういうことが、はっきり分かっているのに、なぜ、日米がソフト・ランディングと騒いでいるのか。

北朝鮮をテロ国家と規定していながら、支援するというのは、論理的にいってもおかしいではないか。

日本の場合は、どうだろうか。日本は北の工作員の最も活動しやすい場だから、数十年前から、対日工作が執拗に行われてきた。言論から政治まで、親金日成派というのがかなりいる。だから、北が崩壊の瀬戸際にきていても、倒れないように、公然と動いている連中が後を絶たない。

社会主義を標榜する北朝鮮は、党と政府が人民の生活を全部保証しなければならない。それが、今は、配給もできない、何も食べさせられない。そうなると人民は、自動的に餓死してしまう。

だから、人民が食えない責任は人民個人にあるのではなく、全面的に政治にあるのである。失政の責任を政府は当然とるべきである。

アメリカと日本は金日成父子の五十年間の失政の責任を不問にしている。

水害だとか旱魃（かんばつ）とかの口実をそのまま信じている。もう二、三年前から相当の援助米がいったが、解決のメドがまったくついていない。これは永久に解決されない、構造的な失政の結果である。

●戦争も起きない。難民もこない

崩壊後の新国家を語ろう

さて、最後になるが、北朝鮮が崩壊したら、いったいどうなるのだろうか。私たちは、しっかりした青写真を持っている。

いま、世界中が人道といってるわけで、ダイアナさんが、死後あれだけ世界的に人気があったのは、人道がキーワードになっているんではないかと思う。

ならば、北朝鮮はどうか。日本人、すべての人に考えていただきたい。

私たちは、まず、国際的世論を起こして、アメリカと中国に、金日成残党世襲独裁政権を見捨てるよう働きかけなければならない。いくら、支援しようとも、現体制では、国の維持はできるはずもなく、人道的にいえば、放置できない状態なのだから。

現在、私たちは、次のようなことを実行に移し、実現したいと考えている。

一、黄長燁労働党中央書記やエジプト駐在の張承吉大使、フランス駐在の張承浩参事官の亡命は、金正日政権の動揺と離脱運動がさらに広がっていくことを証明している。金正日政権が長く続かないということを高位級幹部すらが考えているということで、私たちは、北朝鮮内部で胎動している民主・反独裁勢力との連携をますます強化していく。

二、金正日派以外の北朝鮮の人たちとは、過去を問わず、幅広く手を結んでいきたい。

三、黄長燁とは、過去のしこりを捨て、彼や張承吉大使のような亡命高官とも、救国戦線のなかで一緒に闘っていきたいと思う。

四、在日朝鮮人総連合会から脱退した同胞たちは、私たちの同志であることは当然だが、まだ、朝鮮総連のなかにいる同胞も、北朝鮮体制の現実を、素直な眼で直視し、苦しんでいる同胞の生活と人権にたいして、勇気ある正しい判断をしてほしいと訴えかけていく。金正日一派への協力と支援を絶つことが、アジアの平和に寄与し、仲間たちを助けることにつながるということを説得していきたい。

五、私たちの推進する北朝鮮の民主改革運動は、国連の路線とも一致している。今後、NGOとして、救国戦線の国連代表部を設置して、大使を派遣する準備を整えていく。

六、金日成残党政権が崩壊する近い将来を見すえて、朝鮮総連を脱退した同志はいうまでもなく、多くの人材を発掘していかなければならない。北朝鮮崩壊後、民主改革するには、有能で、愛国的な朝鮮総連の幹部の参加も考えていきたい。

韓国による吸収統一は非現実的である

韓国には、北朝鮮を早く崩壊させて、吸収合併してしまおうという意見がある。あるいは、ゆるやかに三段階をたどって統一しようという意見もあることを知っている。

しかし、実情を考えれば、これは非現実的である。まず、北朝鮮が崩壊しても、韓国が北の領土に入れるわけがない。いくら政府が崩壊しても、北朝鮮は、国連に加盟する主権国家である。北の了解なしに入ることは許されるはずもない。万が一、そういうことが起きれば、北の軍も黙ってはいない。それこそ、第二次朝鮮戦争の勃発である。

今の国際世論は北に対して厳しい面があるが、南が北侵したとしたら、国際世論は、韓国を支持しないだろう。そもそも、まだ韓国には、西ドイツが東ドイツを吸収したときのような経済力も政治力もないから、北を吸収できる能力があるとはいえない。また、五十年間の金日成の教育によって、北朝鮮同胞は、韓国と急に親近感を持てるはずもない。

五十年間、国民は、反韓国で教育されてコリ固っているのだ。今でも、金日成が亡くなったのに、誰も弔問にこなかった、と怒る人がたくさんいる状態である。内戦を犯した戦争犯罪人・金日成の死に対して、弔問できないことを北朝鮮の同胞たちは、かえって怒るほどである。北朝鮮と金日成・正日が世界から批判されていることも知らない。

こんな北朝鮮だから、私たちが入るしかない。私たちが入って、民主政権を作り、今までの思想教育の呪縛を解いていかなければならない。それには、七、八年、長ければ十年はかかるだろう。一気にやれば、必ずひずみが出てくる。

今、エリツィンが苦戦しているのは、ソ連共産党を解体してしまったからだ。七十年もの歴史のある共産主義国家で、能力ある人間、知識人というのは圧倒的に党員である。その有能な人たちを敵に回してしまったから、新しい異質な共産党ができて、苦労しているのだ。

北朝鮮だって、話の理解度が早く、頭のいい人は、みんな党員といえる。そんな人たちが、南から突然、北を民主化すると入ってきたからといって、「ハイ、足のあかでも洗います」というはずがない。

そのへんを、北の生活とか、共産主義を経験していない人たちは分からない。

私たちが、北に入ったとしても、徐々に、平和的に改革していかざるをえない。改革は徐々に、合理的に秩序を保ちながら進めていかなければならない。

国民の総意で憲法を作ろう

私たちは、新憲法の草案まで作っている。

国会という立法機関で審議する前に、草案を発表して、全国民の意見を聞く。そして、国民総意のもとで、新しい憲法を作りたい。例えば、憲法草案を公表して、半年なら半年、三ヵ月なら三ヵ月、期間をおいて、公聴会を開いたりして作っていく。

むろん、最終的決定は国会でしなければならない。こう書いていると、どうしてお前たちがそう簡単に政権を握れるのだろうか、と思われる方もいるかもしれない。

私たちは一九五〇年の朝鮮戦争以来、今まで約五十年の間、金日成独裁政権と公然と闘ってきた唯一の指導者たちであり、団体である。私たちの根は北朝鮮同胞の中に深くおろしている。したがって、今の北朝鮮にとって、北の同胞は私たちが唯一の頼りになる同志であることをよく知っているのだ。私たちの「救国戦線」は北の同胞にとって、唯一の希望の星なのである。今の政権を倒すために、私は生命をかけて闘争を続けている。

しかし、崩壊してしまえば、大混乱が起こり、私たちが入っても、何もできないのではないかと危惧（きぐ）する人たちもいる。それが、大変なことは覚悟している。

私たちが祖国のためにできることは、北の同胞たちが、新政権の下では餓死しないですむという希望を国民に持たせることだ。そのためには、食糧援助はどうしても必要だ。少なくとも、入るときには、数カ月分の食糧は持って行くようにしなければならない。

この人たちと一緒にやれば、食べられるんだ、それに弾圧もないんだ、ということをはっきり認識させることができれば、混乱はそう長くはないと思う。日に三食は保証します。絶対に政治弾圧はしません――この二つさえ私たちが確約し、実行すれば、彼らは生き返るだろう。そして、現実生活において、私たちと彼らの間に連帯ができる。

そうなると、軍隊の中でも、新しい勢力ができて、古い勢力は、自分たちの中で全部淘汰、清算ができる。警察は警察で、検事や法律家はその中で、新しい民主的な動きが必ず出てくる。彼らの力によって、みずからの力によって、内部でみんな清算するようにしなければならない。私たちが、いいかげんに、そこに介入したらかえって反発が多くなる。

だから、国民の中で自然に淘汰できるように、なるべく血は流さないようにということになる。私たちが持っている金日成政権に対する怨恨というのは、とにかく信じられないほど多くの血を流したことが第一である。そういう轍（てつ）は二度と踏まない。たとえ罪のある人でも殺しはしない。

内部で冷静な粛清運動が起きる

私たちが行って、今の軍部をどうするというのではなく、軍自体で粛清運動が起こる。今までやってきたことは、国を防衛するんじゃなくて、金日成政権を守るための私兵だったと……そういうことで、下から粛清が起こってくるようになる。

そうすると、金日成が亡くなった現在、金日成の私兵であった者は当然、引いていかなければならない。人民軍というのは、あくまでも朝鮮の民主政権を守るための国防軍であるのに、今までは、金日成の私兵であった。金日成政権を守るために金日成と金正日一派が虐殺を繰り返してきた。それを内部から、清算、解体するようにしないといけない。

軍人たちは、よく、内部を知っている。あいつは、金正日は、めちゃくちゃに人を殺したとか、みんな分かっている。今の軍の中でも、良心分子もいるし、金日成の徒党として虐殺に手を貸した者もたくさんいる。どこの組織にも、いい者もいるし悪い者もいるものだ。

私は、政権が崩壊すれば、悪い連中は報復を恐れて、淘汰される前にみんな逃げ出していくと思う。彼らは、その日のくるのを最も恐れ、逃亡資金も十分に用意している。だから、そんなに抵抗したり、反乱を起こしたりする力は完全になくなるだろう。

私たちが北に行って、ほんとうに祖国のために力になれると思うのは、経済再建だ。五十年間、社会主義体制におかれていた人たちは、市場経済など、知らないわけだから、競争の原理はむろん、自由経済のもとでの事業や経済活動の方法は、まったく分からない。

そこで、私たちがやりうることは、私たちが知っている市場経済、そういう経済問題については、十分に新しい国家のために奉仕することができる。私たちは、単独で政権を待とうなどと思っていない。今、政治犯として収容されている人たち、これまでに隔離されている人たちと力を合わせていかなければ、うまくいかない。彼らの中には真の愛国者や優秀な人材が大ぜいいるからだ。私たちが考えている暫定政権というのは、総選挙があって、新憲法を作って、それから、新しい国家元首が誕生するまでだ。

それでまず私たちがやるべきことは、今の政権を清算しなければならない。清算することと、並行して暫定立法機関を構成して、選挙する。その選挙によって、総選挙を行い、総選挙を行った後に、国会で憲法を作り、その憲法によって、正式の国家元首が誕生するという段取りを踏むことになるだろう。ここまでが一番重要なことになる。

そこまでは、私たちの持てる力をすべて発揮しなければなるまいと思っている。

●崩壊後の新国家を語ろう

私たちでなければ、そういう方法論は分からないと思う。開放しようと思っても、それこそ、方法が分からない。私たちは、まず、韓国や日本、アメリカ、そして、中国、ロシアに連絡をとり、応援を依頼するだろう。専門家を招き、教わるべきところは虚心で学びとりたいと思う。開放しても、何も怖いものはないから、全部開放して相談したい。私たちは、韓国や日本と戦争するわけではないのだから、すべてを開放することができる。

その混乱というか、多少の整理期間の間は、相当な力や苦労を要すると思う。

米が本当に必要になるとき

そこで、白米が大事になってくる。北朝鮮は食衣住というように、第一に食である。白米だけで、三食食べるだけの配給をきちんきちんとできれば、それだけで、生き地獄はもう天国になる。

もちろん、金日成、金正日に忠誠を尽くした人たちは内部闘争でいられなくなると思う。しかし、今の幹部も能力のある人は、そのまま国家に奉仕するように機会を与えなければいけないと思う。今の高級官僚だって、全部追放したりすることはないだろう。やはり、人が、人材が国家を作るのだから、やはり能力ある者には協力してもらいたい。

責任をとって、当分の間、反省と勉強をしてもらわなければならない人も出てくるだろうが、一滴の血も流したくない、一人も殺したくはない。金正日にしても、彼の生命は保障してやらなければならない。私たちは力づくで何かをするというよりも、向こうが政治を間違って、みずから崩壊して、国民を苦しめたわけだから、国民を苦しめさせた者は、退きなさいと……。何も私たちは、報復しない。報復では、何も解決できない。

金日成、金正日は、北朝鮮人民の血を大同江の水より多く流したけれども、私たちは、血を流さないで、本当の民主政治、本当の道徳政治を北朝鮮に建設しようと命をかけているのだ。

アジアで最も道徳性の高い国に

とはいえ、私たちが入る前なら、ルーマニアのようなことが起こりうる可能性は十分にある。しかし、私たちが入れば、絶対に血の報復はさせない。私たちは、北朝鮮をアジアで最も道徳性の高い、そういう国家にしたい。元来、朝鮮は儒教を重んじる国だから、道徳性の高い国なのだ。

ある面においては、北朝鮮は資本主義の悪い病理みたいなものはないから、最も道徳的で民主的な政権をつくれば、北東アジアには、戦争のソースは、なくなってしまう。それなのに北朝鮮の金正日政権のために、北東アジアでは、毎日毎日、戦争の脅威を感じつつ、不安を抱えているわけだ。そういう不安をなくすだけでも、大変な役割だと思っている。

金正日政権さえ消滅すれば、軍縮とか、あるいは平和宣言とか、韓国と不可侵条約でも、友好条約でも結び、今後、朝鮮半島で戦争行動はしないと約束すればいい。

そうすれば、韓国も、これまでのように莫大な軍事費を使わなくてもすむし、これからの北朝鮮も使わなくてもいいし、日本も心配することはないし、あらゆる面で、北朝鮮によって戦争が挑発される危険も憂慮もなくなってしまう。

例えば、今の政権が崩壊して混乱が起こる。そのとき第三国の協力を仰がないで、救国戦線だけで、国を治めていくことができるだろうかという疑問もあるだろう。

しかし、第三国の軍隊は入る必要はない。軍隊が入ったら、さらに混乱をきたすことは目に見えている。例えば、韓国の軍隊が北に入ると、中国やロシアが黙ってはいない。

私たちは、北朝鮮にいかなる外国の軍隊も入れてはいけないと思っている。自分たちの問題は自分たちで解決する。そのためには、朝鮮民主統一救国戦線の行動、活動の一つ一つが重要になってくるだろう。これは本当に北東アジアの平和の担保だといえる。私たちが政権を取らなければ、平和はやってこない。

私たちは命をかけて、北朝鮮の民主化のために闘っている唯一の団体である。ほかにないから、北朝鮮の同胞たちも、私たちを非常に高く評価している。

同調者は、北にいっぱいいる。そこで、私たちは、インターネットに自分たちの活動をすべて入れようと計画しているところだ。そうなれば、世界中から共鳴者が名乗りを上げてくるだろう。

日、米、中、露の協力が不可欠

新国家が成立するためには、諸国の協力が必要だ。とくに、地政学的に見て、朝鮮が安定的に発展するには、やはり日本、中国、アメリカ、ロシア、四大国の人たちの力が大事だと思っている。そして、率直にいえば、非常に勇気のある政治家がほしい。例えば、相手の出方によっては、いつでも、反日、反米、反中、反ロの姿勢がとれる。また、いつでも親日、親中、親米、親ロ政策がとれる。それぐらいの決然たる覚悟を持った政治家がいなければ、新国家はできないだろう。いかなる国も、民主的原則に反して、無理な要求をした場合は、断固として反対する。そして、本当に善意で助けてくれる国とは、兄弟のようにつき合う。そういう明白なる勇気ある政治家が必要だ。

私は、日本、アメリカ、中国、ロシアに対しても、中立といえば、語弊があるが、非常に公正なる態度をとる。どちらにも傾かない公平な国を作れたら理想的だと思っている。

今、近隣の四大国と密接な協力関係がないと、経済再建ができるわけもない。どこの国とは国交を結んで、どことは敵対するとか、過去、多くの国々が歩んできた道は歩みたくない。

私たちは、四大国と対決して、何の利益があるだろうか。四大国のうちで、北朝鮮を攻めてくる国は、どこもないはずだ。だから、投資でも基準を作って、基準に合えば、どこの国でも歓迎することになるだろう。

新しい国家は、国際化しなければならない。民族主義にも、排他主義にも走らず、開放して、国際化する。私たちの規定によって、その規定に合えば、どの国とも友好親善を結ぶ。開放する。日本とアメリカに重きを置いて、中国とロシアを軽んずるとか、あるいは中国とロシアに重きを置いて、日本とアメリカを軽んずるとか、そういう外交政策はとらない。

外交は民族性の延長線上にあるというが、私たちは過去の失敗の延長線は歩まない。私は、共産国にもいたし、資本主義国にもいたから、両方の本質をよく知っている。北の人民は、あらゆる情報から〝隔離〟されているから無菌状態におかれている新生児といってもいいだろう。「主体思想」という病気さえ克服すれば、何でも吸収し、どんどん育っていくという確信がある。それだけに可能性の高い国である。

これから私たちが建設していく北朝鮮はまったく新しい国になりうる。先進国は歴史を経て今日を築いている。模範になる国はいくらでもある。新生児の柔軟で純粋な姿勢を持って、採り入れるべきところは採り入れ、教わるべきところは教わり、国家という骨格を国民の血と肉で作り上げていきたい。

甘いといわれるかもしれないが、私たちは世界のよいところを吸収し、道徳性の高い国家を建設できると楽観視している。

そのためにも、一刻も早く金日成残党への援助を断ち、北朝鮮の国民を救うべく、韓・日・米・中・露の首脳が協力してくれることを願うばかりだ。

あとがき

老熟の人、朴甲東こそ最後の革命家である。世界は間もなく二十一世紀を迎えようとしているが、未だに紛争、軍事クーデターが絶えない。しかし、国体の民主革命に生命を捧げる人物は、朴甲東をおいていまい。

朴甲東の名は、これまで日本では知識人の間では知る人ぞ知る存在であった。韓国ではマスメディアから逃避している人はともかく知らない人はいないといっていいだろう。当の北朝鮮においては、生前の金日成を筆頭に、当代の金正日派にとっては、もっとも厄介で邪魔な存在だが、現国家副主席・金英柱（キムヨンジュ）（金日成の実弟）とは北朝鮮建国当時は酒を酌み交わした仲であり、北にはまだ多くの知己がいる。朴甲東自身も北にいたときには文化宣伝省ヨーロッパ部長という要職に就いていた。平壌の高級幹部のなかで、彼の名を知らぬ者はいないだろう。

現在、日本では、北朝鮮の崩壊が騒がれるなか、日本人妻里帰り問題、拉致事件、食糧援助、日朝国交正常化など、北朝鮮関係のニュースがマスメディアを賑わしている。そんなとき、朴甲東の名があまり出てこないことが不思議でならなかった。日本、朝鮮の古代史にも造詣の深い、朴甲東こそ朝鮮半島の現代史の生き証人であるにもかかわらず……。

金日成は北朝鮮を「地上の楽園」と嘯(うそぶ)き、国民には、「白い米のご飯と肉のスープに瓦屋根の家と絹の服」を、といい、その裏では国民を酷使し、粛清と虐殺を重ね、金一族の王朝を築いてきた。朴甲東は一九五七年に日本に渡ってきて以来、誰も知らなかった北朝鮮の真実を、書き続けながら、祖国の民主解放と金日成打倒のために闘ってきた。

当初は正当な評価を受けなかったが、日本に北朝鮮の情報を最も早くからもたらしたのは朴甲東である。第一級の歴史家でもある朴甲東の論文や著述は、今や最も信頼できる情報であり、生き字引ともいえる存在である。

かねて、北朝鮮に疑問を抱いていた私は、朴甲東の著書を読み漁ったものだった。それまでも、私は韓（朝鮮）半島を研究し、数冊の著書を出していたので、北朝鮮も同様にウォッチャーを自負していた。朴甲東の出現は衝撃だった。私は会いたい衝動に駆られた。間もなく人を介して会う機会を得た。しかし、描いていた人物像は、一瞬にして崩れた。

郵便はがき

料金受取人払

小石川局承認

1523

差出有効期間
平成11年1月
31日まで

112-8731

東京都文京区音羽二丁目
十二番二十一号

講談社 ペック

北朝鮮 最期の選択係

行

★この本についてお気づきの点、ご感想などをお教え下さい。

愛読者カード　　　　北朝鮮 最期の選択

今後の出版企画の参考にいたしたく存じます。ご記入のうえご投函下さいますようお願いいたします（平成11年1月31日までは切手不要です）。

a　ご住所　　〒□□□-□□□□

b　お名前
（ふりがな）

c　年齢（　　）歳

d　性別　1 男性　2 女性

e　配偶者（有　無）

f　ご職業　1 大学生　2 短大生　3 高校生　4 中学生　5 各種学校生徒　6 教職員　7 公務員　8 会社員(事務系)　9 会社員(技術系)　10会社役員　11研究職　12自由業　13サービス業　14商工従事　15自営業　16農林漁業　17主婦　18家事手伝い　19フリーター　20その他(　　　　)

g　本書をどこでお知りになりましたか。
1 新聞広告（朝、読、毎、日経、産経、他）　2 書店で実物を見て
3 雑誌(雑誌名　　　　)　4 人にすすめられて
5 書評　6 その他(　　　　)

h　ほぼ毎号読んでいる雑誌をお教え下さい。いくつでも。

i　ほぼ毎日読んでいる新聞をお教え下さい。いくつでも。
1 朝日　2 読売　3 毎日　4 日経　5 産経
6 その他(新聞名　　　　)

j　どんな内容(ジャンル)の本を読みたいかお教え下さい。いくつでも。

k　値段について。
1 適当だ　2 高い　3 安い　4 希望定価(　　　　円位)

「なんだ、ただのおじいさんではないか。朴甲東なんて架空の人ではないのか……」

革命家とは往々にして、ギラギラとしていて熱弁をふるうものだが、朴甲東はそうではなかった。あくまでも温厚で、物静かに歴史を噛み締めるような話しぶりは、やはり熟達の革命家であった。

人間は経験を重ねると、物事にいちいち動揺することもなく、こだわりも消え、首を傾げたくなるほど普通の人になる。北朝鮮からの亡命政治家・朴甲東は一九一九年三月十一日生まれだから、すでに齢七十八、間もなく八十歳を迎えるというのに、憂国の情は熱く、民主改革・開放の信念は固く、志はあくまでも高く大きい。汚れのない純粋な心は、まさに青年である。

朴甲東はことあるごとにいう。「私はまだ死ぬわけにはいかない。祖国を再び建設するには、後、十年は元気でいないと……」

朴甲東は実に波乱に満ちた人生を歩んできた。氏はこれまでに二度死刑の宣告を受けている。一度目は、本文にあるとおりである。

二度目は、一九五三年のことである。北朝鮮で文化宣伝省ヨーロパ部長を務めていた朴甲東は、金日成の南労党員の大粛清の標的にされ、死刑宣告の後、平壌北方の山中に監禁されていた。フルシチョフのスターリン批判で、体制側に動揺が起こり、死の寸前の五六年春に一時的に解放された。そして、中国に脱出、五七年に日本に亡命した。この後、南労党員とその家族の九九・九パーセントにおよぶおよそ五十万人が粛清された。すべてアメリカのスパイ容疑といういわれなき罪とその連座によるものだった。三年間の監禁中、朴甲東を尋問したのは朴成哲（パクソンチョル）だ。現在の国家副主席である。

朴甲東は、残してきた家族への悔恨の情からか、この話をするときは、決まって宙を見上げる。生きていれば、妻は七十九歳に、子息は還暦を迎えているという。

「生きていることは望むべくもないが、おそらく収容所で死んだか、虐殺されてしまっただろう。金日成とはそういう奴だ」

と、涙をこらえて寂しそうに語るとき、革命家・朴甲東は一介の老いの人に戻る。

朴甲東は両親の死に目にもあえず、また、九歳年上の兄・琦東（キトン）を南京大虐殺で亡くしているという。日本の植民統治下に生まれた朴甲東は、独立の志に燃え闘ってきた。一九四五年、日本の敗戦により朝鮮は南北に分断され、再びアメリカとロシアの軍政下におかれた。日本の植民統治が終わり、またしても他国に占領されるなか、北朝鮮に朝鮮民族自らの手で、民主的な共和国を建設するという夢は、スターリンの傀儡（かいらい）である金日成の登場と、まったく不本意な朝鮮戦争で破れた。血で血を洗う政争の渦の犠牲となり、祖国を離れてすでに四十一年になるが、朴甲東の闘志はますます盛んである。

一九九二年一月に亡命政権ともいうべき「朝鮮民主統一救国戦線」をモスクワで設立。常任議長に就任した。朴甲東の常任議長就任は、東京が氏の拠点であることもさりながら、歴史的に朴甲東こそ、朝鮮共産党の正統な後継者でもあるからである。

朝鮮共産党についていえば、朝鮮共産党は帝国主義に対抗する民族主義であり、テーゼはブルジョア・デモクラシーであった。もちろん、「朝鮮民主統一救国戦線」は民主主義者たちの組織である。

朴甲東が「朝鮮民主統一救国戦線」の常任議長に就任するや、亡命者が続々と参加し、今や、東京とモスクワを中心に、カザフスタン、ウズベキスタン、中国、ドイツを軸にしたヨーロッパ、そして、アメリカと活動拠点を広げている。

朴甲東はいう。

「私たちはあまりにも血を見過ぎてきた。もう血で血を洗う争いはしたくない。だから、私たちは一挺の銃もなければ、一兵もいない。しかし、私たちは一時的に外に避難しているだけであり、私たちこそ政権崩壊後の唯一、正統な受け皿である」

「朝鮮民主統一救国戦線」の幹部は、亡命前は高位級幹部で、今の北朝鮮の幹部には彼らの同僚もいれば、部下や教え子も多くいる。だから、北朝鮮内部にいる反金正日派や民主、反独裁勢力とも連携できているのである。

朴甲東と行動をともにし、側でみていると、一九八三年八月二十一日にマニラ空港で暗殺されたフィリピンの民主主義の先駆者である上院議員ベニグノ・S・アキノ二世が二重写しになる。私はアキノとも深い親交があったが、二人には共通点があまりにも多い。私は二人だけを通して革命家を語るわけではないが、とりわけ、明るく、ユーモアがあり、艶種（つやだね）にも通じ、おおらかでやや暢気（のんき）なところがよく似ている。

私が朴甲東にそれをいうと、

「失敗したらどうしようとか、くよくよしては革命はできないよ」

と、屈託がない。

朴甲東は今日を迎えるまで長い旅をしてきた。日本の植民統治下の朝鮮で生まれ、戦前の日本で学び、再び朝鮮に戻り「朝鮮独立同志会」を結成。地下闘争をし、李承晩政権下の新生韓国では南朝鮮労働党の最後の総責として南北民主統一に命を賭けていたが、朝鮮民族のための共和国の建設を求めて、北朝鮮に渡った。そこで、金日成と闘い、中国に脱出。再び日本に入り、北朝鮮の民主改革・開放に生涯を捧げ、朝鮮民族の悲願である統一のためにひた走っている。名前も時代の流れに強いられて、朴甲東から平野某、林英樹と日本名を名のり、地下闘争中は李某、禹某、趙某、金某と何度も朝鮮名も変えて生き抜いてきた。このように多くの仮名を使わなければならなかったのは、それだけ苦難に満ちた棘の道を歩いたことを表している。だが、暗い影もなければ、貪欲な野心や野望も感じられない。あるのは憂国の情と大義だけである。

朴甲東こそ、金正日政権にとって最大の敵であると同時に、北朝鮮の国家と国民が待望する革命家であり政治家である。

本書は歴史家でもある朴甲東の伝える北朝鮮の真実であり、新生北朝鮮を迎える書である。なお、本書は朴氏が活動のため世界各地を飛び回り、多忙ということで、彼の著述と口述を中心に、私が得た情報も加え、構成し直したものであることをお断りしておきたい。

植田剛彦

朴 甲東（パク カプトン）

一九一九年、韓国慶尚南道生まれ。日本に渡り、四一年、早大政経学部卒。五〇年、南朝鮮労働党地下党総責。朝鮮戦争時、ソウルで暴動を起こせなかったかどで降格され北朝鮮へ行って、文化宣伝省ヨーロッパ部長となる。三年間、監禁された後、日本に脱出。九二年、朝鮮民主統一救国戦線を結成し、常任議長となる。著書に『嘆きの朝鮮革命』、『遥かなる共和国』、『北朝鮮悪魔の祖国』などがある。

植田剛彦（うえだ たかひこ）

一九四五年、甲府市生まれ。報知新聞記者、国際ニュース『ニューストラック・ジャパン』編集長を経て執筆活動に入る。海外に広く情報源を持つが、最近では朝鮮半島問題に焦点をあてた活動に力を注いでいる。著書に『在日韓国人の底力』、『亡命半島の真実』など。

北朝鮮 最期の選択（きたちょうせん さいごのせんたく）

一九九七年十二月二十四日 第一刷発行

著者 朴 甲東（パク カプトン）
編著者 植田剛彦（うえだ たかひこ）
発行者 野間佐和子
発行所 株式会社 講談社
〒一一二―八〇〇一 東京都文京区音羽二―一二―二一
電話 販売部（〇三）五三九五―三六二二
製作部（〇三）五三九五―三六一五
編集 株式会社 講談社ペック 代表 江口 拓
〒一〇二―〇〇八三 東京都千代田区麹町四―三 宮ビル
電話（〇三）三二三四―二一七一
印刷所 慶昌堂印刷株式会社
製本所 大口製本印刷株式会社

ISBN 4-06-208498-8（ペク）

N.D.C.316 255p 20cm

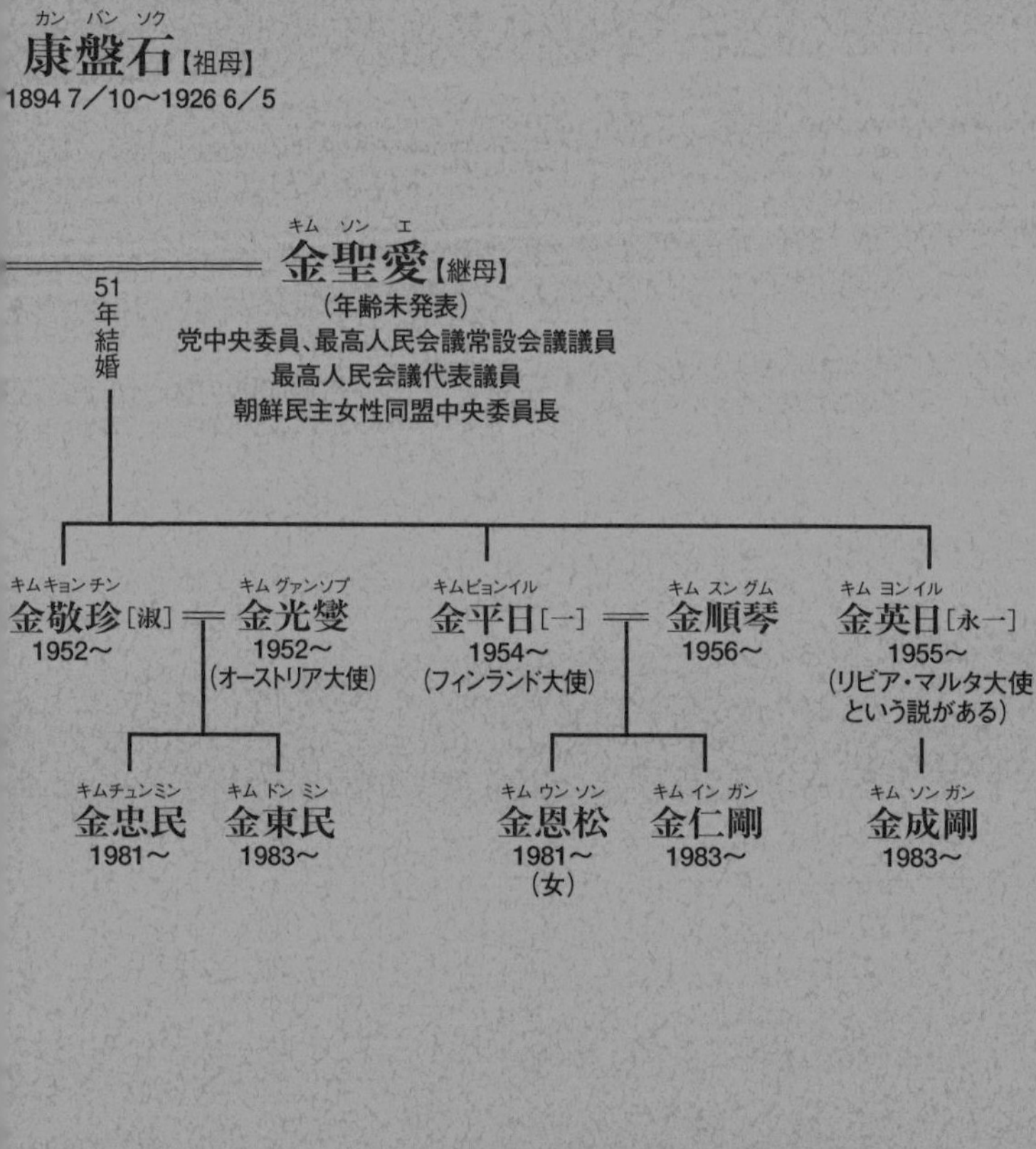

参考資料・韓国政府、韓国中央日報（財・ラジオプレス）